EL **ARTE** DE HACER

NEGOCIOS

EN
CHINA

Una guía pràctica de la etiqueta de los negocios y estrategias
utilizada por los ejecutivos y funcionarios Chinos

Laurence J. Brahm

DISCOVERY PUBLISHER

Título original: "The Art of 'doing' Business in China"
©2015 Discovery Publisher
All rights reserved

Para la edición española:
©2016 Discovery Publisher

Autor : Laurence Brahm
Translator : Nadège Delelaux
Editor : Juan José Andrés
Editor en jefe : Adriano Lucca

DISCOVERY PUBLISHER

dp

616 Corporate Way
Valley Cottage, New York, 10989
www.discoverypublisher.com
livres@discoverypublisher.com
facebook.com/DiscoveryPublisher
twitter.com/DiscoveryPB

New York • Tokyo • Paris • Hong Kong

TABLA DE CONTENIDO

LAS 36 ESTRATEGIAS MARCIALES 41

【PROLOGO】

El humo de cigarrillo subió hacia el techo haciendo remolinos y llenando la habitación como el incienso en un templo taoísta. Un silencio de los que se imponen durante un partido de ajedrez llenó esa zona de la habitación no impregnada todavía por el humo de cigarrillo. Se podía escuchar el ruido de una hoja de té desplegándose y extendiéndose en una de las tazas de té de porcelana mientras fluía un chorro de agua hirviendo de una petaca de aluminio.

El interventor de la parte extranjera machacó una calculadora de plástico. Su pluma Mont Blanc de abogado raspando una hoja de papel. Alguien en el lado chino de la mesa eructó. Alguien más roncaba.

Los negociadores habían estado en ello desde las 8:00 de la mañana. Nadie había salido de la habitación en todo el día. Club sándwiches y platos de pollo con arroz de Hainan a medio comer estaban esparcidos por la habitación. Uno de los negociadores extranjeros se levantó y miró por la ventana del piso superior de esta sala de conferencias del hotel de cinco estrellas al tráfico zumbando abajo por una de las carreteras de circunvalación de Pekín. Ya era de noche. Él susurró a sus colegas: «—¿Cuándo terminaremos con esto?... ¿Creen que vamos a ser capaces de firmar este año?»

Por último, el abogado extranjero interrumpió el silencio. «—Caballeros, creo que finalmente hemos llegado a un consenso general sobre este tema importante. Ahora podemos empezar a discutir sobre los detalles de la forma en que debe llevarse a cabo. Entonces podemos empezar a reformular los términos del contrato.»

«—En chino o en inglés?—preguntó el portavoz de la otra parte.»

Negociar en China ha sido descrito por muchos como un proceso largo y prolongado de los que requieren paciencia, una virtud confuciana conocida, persistencia, algo que viene con el tiempo; y el instinto de supervivencia, algo adquirido mediante la persistencia.

En esta era de las «Cuatro Modernizaciones» de China y de las «Tres Representaciones», muchos negociadores extranjeros se están dando cuenta de que más les valdría buscar el «camino» para negociar en China en las fuentes clásicas de los antiguos tratados militares chinos.

El arte de la guerra de Sun Tzu, tratado escrito hace unos 2 000 años, es el clásico entre los clásicos, la declaración final de los gurús de la estrategia militar, que se puede aplicar a todos los niveles de la guerra, la negociación y la vida. Constituyó la base de gran parte de los escritos de Mao Zedong en cuanto a la guerra de guerrillas en la década de 1940, y se convirtió en el tema de libros de texto favorito de numerosos profesores que escribieron acerca de estrategia de negocios en los años 1990.

Las treinta y seis estrategias es una colección de treinta y seis dichos que encierra treinta y seis historias de destreza estratégica en la historia de la China antigua. La mayoría de estas historias se derivan de maniobras militares aplicadas durante el período de los Reinos Combatientes (403-221 a. C.) o durante el período de Tres Reinos (220-265 d. C.).

Juntos, El arte de la guerra de Sun Tzu y Las treinta y seis estrategias se han convertido en una parte de la conciencia colectiva de los chinos más educados. Desde la infancia, El arte de la guerra de Sun Tzu y Las treinta y seis estrategias se aprenden en la escuela, se enseñan en las clases de literatura, e incluso son el tema de óperas populares tradicionales. A veces sirven de tema para las series de la televisión pública. Negociar en China sin al menos un conocimiento superficial de El arte de la guerra de Sun Tzu y Las treinta y seis estrategias es como entrar en un campo de minas sin mapa.

Este libro intenta aplicar El arte de la guerra de Sun Tzu y Las treinta y seis estrategias a situaciones de negociación reales en China, tanto comerciales como diplomáticas. El libro está escrito tanto para los no iniciados (los que han tenido poca experiencia de negociación en China), como para los superiniciados (los que han estado negociando en China desde hace algún tiempo y pueden estar sufriendo agotamiento profesional). En cualquier caso, el lector debería ser capaz de encontrar elementos que le permitan hacer vínculos con su situación personal.

Las historias están todas basadas en los hechos. Han sido escritas con la intención de proporcionar no sólo diversión, sino también cierta esperanza cuando uno se queda mirando por la ventana de una sala de conferencias de un centro de negocios en un hotel chino, viendo pasar el tráfico y preguntándose.» — ¿Cuándo van a firmar?»

【INTRODUCCION】

—

LA ANATOMÍA DE UNA NEGOCIACIÓN EN CHINA

Amistad y comprensión mutua

«Sí» es siempre la primera palabra en una negociación en China, no es la última. Con demasiada frecuencia, cuando los inversores y empresarios extranjeros escuchan la palabra «sí» en China, dan el trato por concluido. En realidad, es sólo el comienzo de lo que a menudo puede ser un largo y prolongado proceso de negociación.

«Dormir en la misma cama y soñar sueños diferentes» es un antiguo proverbio chino que refleja dos mil años de experiencia de parejas que pueden tener sus propios sueños, pero sólo están dispuestas a compartir un alojamiento temporal con el fin de conseguir lo que quieren, antes de irse. Esto es demasiadas veces el caso con tratos comerciales en China. Las dos partes tienen aspiraciones y motivaciones completamente diferentes acerca de lo que quieren lograr en la operación. Por lo tanto, terminan por meterse en la cama juntos en una empresa conjunta y descubren demasiado tarde que están bloqueadas en un matrimonio que no les conviene.

El proceso de entrar en una empresa conjunta en China es como casarse. Primero las partes firman una «carta de intención». No es un documento jurídicamente vinculante y sirve más para expresar formalmente que las dos partes desean formar una empresa conjunta que cualquier acuerdo vinculante. Este documento se puede considerar como una especie de aro de compromiso.

De hecho, el matrimonio se celebrará de forma más solemne cuando las partes cierren un contrato de empresa conjunta. Antes de cerrar tal contrato, o sea durante el tiempo que transcurre entre la firma de la carta de intención y la firma del contrato, las partes se comprometen conjuntamente a llevar a cabo un estudio para determinar si el matrimonio tiene sentido financiero real o si es pura moda y romance. En esta etapa muchas ofertas suelen deshacerse sencillamente. Mientras que los empresarios occidentales piensan a menudo que el proceso matrimonial que desemboca en la creación de una empresa conjunta china es burocrático, es más bien muy práctico cuando se le mira desde esta perspectiva.

Cuando la licencia comercial es finalmente emitida por las autoridades competentes, el matrimonio se selló y la única salida es ¡el divorcio o el arbitraje!

Las negociaciones de primera línea

Las negociaciones en China se pueden caracterizar como un proceso sucediendo en dos niveles diferentes:

- el nivel público (o negociaciones de primera línea);
- el nivel privado (o negociaciones de segunda línea).

Las negociaciones de primera línea son las que tienen lugar en la sala de juntas, o la sala de conferencias llena de humo de un centro de negocios de un hotel. Estas son las negociaciones que tienen lugar en el nivel público. Todo el mundo está presente y todo el mundo tiene algo o muy frecuentemente demasiado que decir. Por eso las negociaciones de primera línea pueden tardar mucho tiempo y convertirse en negociaciones muy prolongadas. De ahí que sea necesario actuar con ingenio y utilizar el enfoque de segunda línea.

Las negociaciones de primera línea son en la jerga MBA «orientadas al proceso.» Eso significa que ocupan mucho tiempo. Hasta cierto punto, esto es buena cosa, porque sólo con paciencia y procediendo con cuidado ambos lados pueden realmente entender lo que el otro realmente quiere decir o conseguir. Ponerlo todo en el contrato es otra cosa, porque no siempre es fácil expresar lo que ambas partes quieren en dos idiomas diferentes ni hacerlo bien desde la primera vez. Todo esto necesita más tiempo y más paciencia. Por lo tanto, podemos llamar a la negociación de primera línea actividad «orientada al proceso».

A los chinos se les caracteriza invariablemente como negociadores difíciles. Esto se debe a que la «cara» es siempre un factor importante en las negociaciones. «Cara» es un concepto que no se puede traducir a ningún idioma occidental, sin embargo es algo parecido a respeto, honra, justicia e igualdad, a la par que el reconocimiento de todas estas cosas juntas. Un occidental sólo puede empezar a entender el concepto de «cara» cuando tuvo que arrostrar el problema un número suficiente de veces como para que el concepto terminara anclado en su mente. La idea es darle «cara» a su contraparte chino en la mesa de negociación sin perderla usted mismo.

Al negociar, la parte china también hablará siempre como si estuviera protegiendo los intereses de su compañía, empresa o nación, especialmente cuando haya mucha gente alrededor de la mesa de negociación. Esto es claramente un aspecto del nivel público de las negociaciones. Cuando uno piensa que sus contrapartes están salvaguardando los intereses de una empresa estatal en un contexto en que el sistema empresarial estatal se está colapsando, la economía de mercado desarrollando y se da una inflación de más del veinte por ciento, uno se pregunta hasta qué punto la otra parte está realmente luchando por los intereses de la empresa o de la nación.

Negociaciones de segunda línea

Si bien las negociaciones en China a menudo parecen estar orientadas al proceso, la parte china siempre tiene un conjunto de objetivos en mente. En este sentido, las negociaciones pueden ser puramente orientadas a los objetivos si uno es capaz de averiguar cuáles son los objetivos reales de la parte china y dialogar en consecuencia. Esto, sin embargo, nunca saldrá a la luz del día en las negociaciones formales en el ámbito público. Por lo tanto, es imprescindible hallar a alguien en el otro lado de la mesa con quien se pueda ir afuera, o reunirse en un nivel puramente personal, para saber lo que el otro realmente quiere.

Empresarios occidentales a menudo se preocupan por su apariencia, por parecer formales, llevando camisa rígida y corbata y en general se aferran a la manera de hacer negocios al estilo occidental que se enseña en los cursos de MBA en imponentes ciudadelas de aprendizaje tales como Harvard y Oxford. Este aprendizaje no permite ir tan lejos en China como aprender a beber, fumar y cantar canciones de karaoke, actividades que en realidad pueden sacar las negociaciones de una situación de estancamiento y llevarlas a un nivel personal donde la parte china pueda confiarse y revelar al fin y al cabo lo que está realmente en su mente.

Más negociaciones se realizan en salas de baile y salas de karaoke en China que en la mesa de negociación formal. Es más, a los chinos les gusta conocer a nivel personal al socio con quien se van a la cama en un acuerdo comercial. Desde un punto de vista práctico y operativo, si no funciona la relación, entonces no importa qué tan bien se equilibren las cuentas. En un contexto chino, las partes tienen que llevarse bien antes de poder trabajar juntas.

Mientras tanto, mientras los chinos se la pasan cantando sobre los beneficios para la empresa y el país, es en momentos festivos y relajados cuando uno va a conseguir que le den a conocer lo que realmente está en sus mentes y lo que realmente quieren de la oferta, es decir, el beneficio para ellos como individuos – y que no quepa duda de que sí existe, y la mejor formar de abordar el tema.

Del mismo modo, mientras que los gerentes de las empresas tienen sus objetivos inmediatos — se trata de dinero por lo general — los ejecutivos del gobierno a quienes se dirigen tienen su propia agenda, en la que por lo general consta algo como, «¿Cuánta inversión puedo atraer a mi provincia o ciudad? ¿Qué tan rápido y tan grande serán los proyectos, o al menos parecerán ser, para los cuadros por encima de mí?»

A través de negociaciones de segunda línea correctas, es posible, si es necesario, averiguar lo que quieren los cuadros, y usar esto para influir sobre los gerentes de las empresas presionándoles desde arriba. Del mismo modo, se puede intentarlo con los cuadros de abajo si no se mueven los primeros, en un mecanismo que consiste en influir sobre los de abajo con los de arriba, y así sucesivamente.

El problema cuando alguien llega tan lejos con el proceso de presión política es que pierde el contacto con las personas con las que todavía tiene que vivir al final del día, principalmente sus socios y los gobiernos locales oficiales, todo el proceso de presión puede alcanzar proporciones fuera de control.

Muchas multinacionales creen que todos sus problemas se pueden resolver obteniendo una audiencia con Wen Jiabao. Esto es claramente un enfoque equivocado, ya que individuos de su rango tienen tanto entre las manos que lo último que va a emocionarles es cada proyecto de inversión sobre el que se les llama la atención. Por otra parte, conseguir el apoyo de los mejores sectores para aprobar un proyecto no significa necesariamente que los burócratas a continuación actúen rápidamente. Los días en que todo el mundo se apresuraba a prestarle atención a Mao Zedong cuando éste pronunciaba unas palabras casi se pueden dar por terminados. Sin embargo, las buenas relaciones a nivel nacional pueden ayudar. La cuestión es que uno tiene que establecer buenas relaciones a todos los niveles para.

【PRIMERA PARTE】

—

ENTRAR EN EL PAÍS DEL DRAGÓN: LA ETIQUETA DE LO QUE SE TIENE O NO SE TIENE QUE HACER AL ENCONTRAR A DIRIGENTES DE LA REPÚBLICA POPULAR DE CHINA

Donde quiera que fueres, haz lo que tú vieres

Los escorpiones fritos descansaban delicadamente en una cama de fideos de arroz con las pinzas abiertas y los ojos mirando al techo de manera inquisitiva.

«—Pruebe uno, —dice el anfitrión chino.»

Su homólogo occidental, un refinado y respetado hombre de negocios norteamericano pone cara de asco.

«—Él es el ministro, —recordó el asistente chino del empresario, representante de la oficina pekinesa de la empresa.» Al empresario le tembló la mano al usar los palillos para coger un escorpión bien frito. Sacó uno por la cola del plato situado en el medio. «—¿Quiere cerrar un acuerdo, no cierto?—le recordó su asistente chino.» Escuchando estas palabras y cerrando los ojos, dejó caer el escorpión frito en su boca y dejó que se derritiera allí.

Respetar estrictamente la etiqueta en la mesa puede abrir o cerrar puertas en China. En otras palabras, es importante no ofenderle a su anfitrión.

Al mismo tiempo, al empresario occidental muchas veces le da recelo seguir una etiqueta que le parece ofensiva o que meramente no entiende ni aprecia. Garras de oso por ejemplo es un manjar sumamente caro en China, y uno debería siempre tomar la porción que se le invitó a comer cuando quiera que se la sirvieran.

De la misma manera beber es también una parte fundamental en todo el proceso de las negociaciones del «compromiso». Lo que uno bebe no importa tanto como la cantidad que se bebe, y cómo se toma, por la general en copas.

Ganbei significa «boca abajo» en chino. Un brindis ganbei en la debida forma empieza con un pequeño discurso de unos cinco minutos acerca de la amistad entre las dos partes, ya sean gobiernos o individuos, continúa con una mención honorífica a todos los que se hallan entorno a la mesa sin que importe si de veras se llevan como amigos, y se termina bebiéndose la copa de un trago. A continuación, todos enseñan su vaso vacío, prueba de que han bebido el contenido y por consiguiente se consagra el tema del discurso.

Un especialista de China, con el objetivo de poder proseguir con largos banquetes conforme iban pasando los días, se valió de una forma peculiar de prestidigitación, es decir que vertía el contenido de su copa por debajo de la mesa o por encima del hombro cuando nadie se fijaba. Desgraciadamente, su estrategia resultó contraproducente cuando ocurrió lo siguiente: una vez la bebida fue a parar sobre el vestido de una mujer quien estaba sentada en la mesa de detrás. Dicha mujer era la esposa de uno de los cuadros superiores chinos.

Si su anfitrión llena su copa con un Maotai ardiente o su vaso de agua con XO, y propone un brindis gritando ganbei, para disgusto de todos los camareros, lo mejor que pueda hacer es tragarse completamente lo que está en el vaso. Rondas excesivas de ganbei (a menudo mezclando primero Maotai, a continuación, coñac, a continuación, vino blanco, a continuación, cerveza, y luego Maotai otra vez) a menudo mandan incluso al más robusto hombre de negocios occidental tambaleándose a los servicios.

Por lo tanto, hay que adoptar una actitud flexible a la hora de embarcarse en los aspectos sociales relacionados con el arte chino de entrar en negocios, sobre todo cuando se come con las élites en el poder que pueden hacer o deshacer, en otras palabras aprobar o cancelar, un acuerdo comercial.

El ejemplo clásico de la etiqueta diplomática se produjo poco después del calentamiento de las relaciones chino-estadounidenses, cuando Theodore White, un periodista que cubría al Ejército Rojo durante la guerra contra el KMT, regresó a China para ver a su viejo amigo, entonces primer ministro, Zhou Enlai. En el banquete, un cochinillo asado fue llevado a la mesa.

«— No puedo comer esto, — exclamó White, ¡Soy kosher!»

Zhou Enlai, el diplomático siempre cortés, puso su brazo en los hombros de White, y apuntando a la mesa explicó con voz suave, «— Pero míralo bien, Teddy, ¡de verdad que es un pato de Pekín!»

El perro presume del poder de su amo

Dirigirse directamente a su homólogo en las discusiones formales es otra señal de respeto en China y es distintivo de un hombre educado. Aun cuando China pretenda ser una sociedad sin clases bajo el comunismo, algunos observadores han señalado que es también una de las sociedades más jerárquicas en el mundo de hoy. Ahora es una de las más capitalistas también.

Los dirigentes chinos encuentran a los extranjeros que son sus equivalentes en estatura y rango. Si el director general y presidente de su compañía desea encontrar a un ministro o incluso al vice primer ministro, entonces esto se puede arreglar. Pero si él es el director adjunto o el vicepresidente, entonces tendrá que conformarse con encontrar a un ministro.

Cuando se van a China, muchos directores generales de multinacionales extranjeras todavía tienen presente en su mente los días de Kissinger y Zhou Enlai, la época en la que si Mao dijera algo, ocurría, así de sencillo. Ellos piensan que el mercado chino se puede abrir a ellos tan simplemente como cuando los Estados Unidos y China normalizaron sus relaciones mediante un apretón de manos entre Mao y Nixon. Este tipo de pensamiento es cuando menos engañoso.

«— Si podemos conseguir una reunión entre el presidente de nuestra empresa y Hu Jintao, ¿seremos capaces de obtener la aprobación para todo lo que queremos y desarrollarnos en el mercado de China?, — preguntó un director de una multinacional estadounidense en Hong Kong que había sido supervisor de las actividades de su empresa en China desde hacía años.» Este es un escenario muy poco probable. De hecho, en su gran mayoría, personas como Hu Jintao dirían al director general de una multinacional extranjera, considerando las circunstancias más favorables que se pudieran dar, «— Por favor, venga a China para invertir. Le damos la bienvenida para invertir en China. Siempre y cuando invierta en conformidad con todas las leyes y normativas pertinentes en China, vamos a estimular y apoyar su venida a China para invertir.»

Desde luego la parte más importante en la frase es «todas las leyes y normativas pertinentes en China.» Son las palabras que va a escuchar cuando su director general se reunirá con líderes estatales. No lo olvide, estas palabras son muy importantes. Significan que tiene que abrir los libros jurídicos de China y averiguar cuáles son las normativas. A continuación, debe volver al punto de partida e invertir de acuerdo con todos los procedimientos que se supone que hay que seguir, desde el principio e ir progresando paso a paso. Una sesión de fotos con Hu Jintao no se convertirá en un atajo en el proceso.

Era de moda durante la década de los 1990 para los dirigentes generales de multinacionales estadounidenses ir a Pekín en avión para reunirse con ministros y vicepresidentes y «decirles a los chinos que dejaran de jugar y abrieran sus mercados.» Esto, por supuesto, ignora el hecho de que según la clasificación del FMI, el sistema comercial chino es más libre y abierto que el de los Estados Unidos. Ignora también que el Banco Mundial ha calificado a China como la tercera economía mundial detrás de Japón y los Estados Unidos. De todas formas, muchos directores generales, frustrados por la falta de productividad en su país, viajaron a China y se reunieron con dirigentes chinos, muchos de los cuales respondieron que no le correspondía a China el resolver los problemas de desempleo de los Estados Unidos.

En resumen, la apertura del mercado a China no es tan difícil. Numerosas empresas de Hong Kong, Taiwán, Singapur y Corea lo han superado con mucho éxito sin necesidad de enviar a sus directores generales a China para tensas y extensas negociaciones con los líderes chinos. El quid de la cuestión es que estos últimos están más preocupados por la reforma de la economía nacional y el desarrollo de infraestructura masiva conteniendo la inflación, y no es fácil llegar a un equilibrio según los estándares de cualquiera, que por el hecho de que los chinos no están comprando suficientes coches o cámaras fabricados por los Estados Unidos.

Obedecer es mejor que mostrar respeto

Mediante traducciones adecuadas en reuniones con funcionarios de alto nivel, se puede tanto ayudar a establecer el tono como crear discordia. Por lo general, para una reunión con un funcionario, las partes se reunirán en la sala principal de conferencias o recepción del Ministerio o del departamento correspondiente. Dos filas de sillas estarán dispuestas para que las dos partes puedan sentarse. Otras dos sillas se hallarán al final de la habitación: una para el jefe de la delegación extranjera y otra para el funcionario de mayor rango de la parte china. Detrás de cada uno de estas dos personas estarán los pequeños asientos para los traductores.

En vistas de semejantes reuniones es mejor que la parte extranjera se asegure de que el funcionario chino ha sido bien informado por sus ayudantes en cuanto al propósito real del encuentro. De lo contrario, estas reuniones pueden divagar sin nunca alcanzar sus metas ni llegar a ninguna parte.

Muy a menudo, cuando funcionarios participan formalmente en la reunión, suele darse un banquete a continuación. Un gobernador de provincia era particularmente bien conocido por su capacidad para beber enormes cantidades de alcohol en los banquetes. Cuando se organizó la reunión formal, su personal les preguntó a los intermediarios de la delegación extranjera, «— Sabemos que van a pagar por el banquete, pero ¿desean organizarlo o deberíamos hacerlo?»

El líder de la delegación extranjera, sin embargo, estaba muy molesto. Insistió en que la delegación había venido a China en un largo viaje por avión para reunirse con el gobernador de la provincia y resolver un problema. «— Hemos venido a China para una reunión seria. ¡Basta ya con tantas bebidas y tantas comidas! Vamos en serio. Quiero una reunión formal y seria con el gobernador.»

Toda la asamblea se fue a sentar estoicamente a la oficina del Gobernador de la provincia. El líder de la delegación extranjera comenzó a quejarse en una larga diatriba de los problemas de su compañía en la provincia. Después de quince minutos, el gobernador interrumpió el portavoz del equipo extranjero con un amplio movimiento de la mano y exclamó: «— ¡De acuerdo! Estoy a favor de su inversión en mi provincia. Ahora ¡vamos al banquete a beber!»

Una traducción cuidadosa puede hacer o romper este tipo de reuniones con funcionarios de alto rango. Tomemos como ejemplo la reunión histórica entre Nixon y la esposa de Mao, Jiang Qing. Le acompañaba a Nixon uno de los traductores chinos que había recibido una excelente educación en la Universidad de Harvard. Cuando Nixon dio la mano a la señora Mao, exclamó, «— *Doña* Mao, usted es muy hermosa.» Ella respondió cortésmente, «Nali Nali» para indicar que Nixon le halagaba demasiado. El traductor de Harvard, sin embargo, propuso una traducción literal de «dónde», dejándole a Nixon completamente desconcertado.

【SEGUNDA PARTE】

—

EL ARTE DE NEGOCIAR EN CHINA

Especialistas de China

No se trataba simplemente de otra «conferencia china» en un hotel de cinco estrellas en Hong Kong. Se trataba de la conferencia china, celebrada en un hotel de cinco estrellas en Shanghái. Todos los que supuestamente debían ser vistos en el comercio chino estaba allí. Los economistas estaban allí con sus chaquetas de franela gris. Los contadores también estaban allí con sus gafas de marca con lentes tan gruesos como la parte inferior de las botellas de Coca Cola. Los banqueros de negocios también estaban allí con sus tirantes y alfileres de oro en el cuello de sus camisas. Y por supuesto, dando vueltas alrededor de los demás tales tiburones al acecho, también estaban allí los abogados de todos los mejores bufetes de abogados con sus trajes de tres piezas negros, buscándose un camino para entrar en el mercado chino.

El primer conferenciante de la mañana fue el economista. Comenzó a dibujar un esquema en la pizarra y explicó sus ideas acerca del crecimiento de la economía china, y, al apoyarse su teoría en un conjunto de supuestos bien asentados, por lo tanto, debía ser acertado.

Luego habló un contador. Representaba una de las mejores empresas de contabilidad. Comenzó a explicar que cuando su empresa preparaba un estudio de viabilidad para un acuerdo comercial en China, lo llevaba a cabo minuciosamente y que todas las estadísticas que se habían desarrollado para el estudio de viabilidad eran exactas porque se apoyaban en teorías económicas, las cuales se apoyaban en un conjunto de supuestos bien asentados, y por lo tanto debía ser acertada. también.

Luego del contador habló el banquero de negocios. Los tirantes le sujetaban los pantalones a través de las redondeces que se habían formado de tantas excelentes comidas y de tanto Martini como había consumido en hoteles de cinco estrellas y secciones de primera clase de las aerolíneas. El banquero de negocios comenzó a explicar en qué medida su banco de negocios era el mejor situado para negociar «un acuerdo comercial chino», porque su equipo chino tenía decenas de banqueros de negocios que habían hecho largos y numerosos viajes y se habían alojado en una variedad de hoteles de cinco estrellas en China, por lo que todos sabían muy bien de China. Por cierto, habían emitido acciones y bonos e incluso podían atarle los cordones de los zapatos a quien les diera suficiente dinero por hacerlo. Después de este diálogo, el banquero de negocios explicó que el secreto de su éxito era que en cada «acuerdo comercial chino», formarían, a cambio de gran cantidad de dinero, un modelo estratégico especial de entrada en el mercado chino basado en una serie de hipótesis que eran siempre acertadas debido a que dichas hipótesis se apoyaban en estadísticas muy precisas realizadas por el mejor de los contadores, y estas estadísticas no podían estar erróneas porque se apoyaban en una teoría perfectamente demostrada, que se apoyaba en un conjunto de supuestos bien asentados, y por lo tanto, si uno paga por sus hipótesis, nunca podrá irle mal al entrar en el mercado chino.

Luego le tocó hablar al abogado. Miró intensamente a la audiencia con su traje negro de tres piezas y dijo que habida cuenta de la estrategia de entrada en el mercado chino elaborada por los banqueros de negocios sobre la base de las hipótesis, que se basaban en las estadísticas preparadas por los contadores, que se apoyaban en la teoría elaborada por los economistas, que se apoyaban en un conjunto de supuestos bien asentados, sería absolutamente necesario poner todo esto en el contrato, y que en las negociaciones con la parte china cada uno de los detalles de cada uno de estos puntos tendría que ser explicado correctamente en el contrato, y no quisiera Dios que se olvidara algo, y cada «i» en el contrato tendría que tener su punto y cada «t» su barra, y que sería necesario preparar por lo menos cuarenta borradores, revisados luego por una decena de asistentes legales por lo menos y su séquito de al menos dos decenas de secretarios. Y, por supuesto, todo esto tenía que hacerse correctamente y cobrado por horas. El último conferenciante del día no era economista, contable, banquero de negocios ni abogado. De hecho, el último conferenciante del día no era un profesional en absoluto. Era simplemente el gerente extranjero de una empresa conjunta en China. Había llegado a China tres años antes para negociar la empresa conjunta y no hablaba chino de ningún modo. Sin embargo, en el momento de la conferencia, tres años más tarde, ya había aprendido a hablar chino con soltura, pues había estado trabajando en la planta de la empresa con los trabajadores locales todos los días desde que se estableció la empresa conjunta.

El gerente miró la pizarra con todas las hipótesis, teorías, estadísticas, hipótesis, y las íes con sus puntos y las tes con sus barras. Miró a la pizarra con interés y dijo sencillamente: «— Bueno, cuando hicimos nuestra empresa conjunta, no ocurrió así en absoluto. De hecho, fue bastante simple. Después de días de negociación, la habitación estaba llena de humo de cigarrillo, cada cenicero y cada platillo rebosaban de colillas de cigarrillos. Por último, en el calor de la última tarde, la traductora eructó, alguien malinterpretó lo que había dicho, la otra parte presentó la interpretación errónea, nos gustó a todos, todo el mundo estuvo de acuerdo, y todo el mundo se alegró pensando en el banquete del que se podría disfrutar. Entonces fuimos a un bar de karaoke y bebimos XO y allí nos quedamos hasta las 2:00 de la madrugada cuando la dirección nos echó. A la mañana siguiente, cuando nos juntamos, todo el mundo estaba de tan buen humor que firmamos todo enseguida. Más tarde, se les encargó a los traductores que arreglaran el texto del contrato así que todo pudiera ser aprobado por el gobierno. Al cabo de tres meses, tuvimos nuestra licencia de negocio y podíamos empezar la producción.» El silencio llenó la habitación.

Dormir en la misma cama
pero soñar sueños diferentes

Al negociar en China, la primera regla es de no llevar consigo a su abogado. La segunda es de deshacerse de su libro de texto de MBA. La tercera es de escuchar lo que la otra parte tiene que decir.

Demasiados hombres de negocios occidentales llenan sus mentes con ideas preconcebidas y se pasan demasiado tiempo con sus abogados y contadores tratando de implementar elaboradas estrategias de entrada y complicados acuerdos de negocios para presentar a la parte china. Después de tanta preparación teniendo en cuenta las complicaciones corporativas propias, se reúnen con la parte china sólo para descubrir que ésta tiene una orden del día completamente diferente, como por ejemplo, «—De veras que ya no queremos su tecnología. ¡Lo que sí queremos es liquidez!»

Mucho se puede aprender del dicho chino «dormir en la misma cama, pero soñar sueños diferentes.» En la mayoría de los casos, si fracasan las negociaciones de empresa conjunta, o se rompen los negocios conjuntos después de que el acuerdo se selló, se debe a que las dos partes que decidieron entrar en la misma cama tienen sueños fundamentalmente diferentes.

Cada parte tiene su propio conjunto de objetivos, sus propias metas. Éstas, sin embargo, pueden estar en total desacuerdo. Puede ser que la parte extranjera desee invertir en lo que piensa que va a ser un gran proyecto inmobiliario con recompensas financieras a largo plazo, mientras que el socio chino sólo puede estar interesado por exprimir tanto dinero como sea posible de los costos que paga la parte extranjera para eliminar los actuales inquilinos de la tierra.

Puede ser que la parte extranjera rebose de entusiasmo por su empresa conjunta con una planta estatal china de detergentes (considerando el altísimo nivel del ahorro nacional chino y el creciente mercado de consumo urbano de China), pensando que con su tecnología extranjera la parte china va a aprovechar la oportunidad para que la antigua fábrica estatal se vuelva de las más eficaces. Sin embargo, puede que a la parte china le interese más desviar la compensación pagada para despedir a trabajadores inútiles y superfluos hacia la creación de otras empresas, que les parecen más rentables a largo plazo.

Del mismo modo, la parte extranjera puede estar ocupada enviando a sus encargados de comercialización, prodigios de escuelas de negocios MBA, para llevar a cabo estudios pormenorizados sobre el mercado chino con el fin de impresionar a todos con fantásticas presentaciones de diapositivas durante las reuniones en las salas de junta, mientras que su socio chino está más interesado por la búsqueda de trucos prácticos y métodos oscuros para conseguir espacio en las estanterías de los mercados competitivos de Shanghái y Pekín para los productos de la empresa conjunta (¡mientras que al mismo tiempo tratan de encontrar formas similares de mantener los productos de la competencia fuera de las mismas!)

En consecuencia, es fundamental entender a su socio chino, y asegurarse de que él le entienda a usted. De lo contrario, le parecerá que han estado «durmiendo en la misma cama soñando sueños diferentes», y se dará cuenta, demasiado tarde, que deberían haber estado en camas separadas desde el principio.

El arte de decir 'Sí'

Uno de los problemas que tienen que enfrentar los occidentales cuando entran en negocios con los chinos es el de la comunicación básica. Para los hombres de negocios occidentales, «sí» significa trato hecho, y se puede firmar los contratos, y si algo anda mal, siempre se podrá demandar en el contrato. ¿Correcto? Equivocado —por lo menos en China. En China, se empieza una negociación con «sí», no se la termina así. Para los chinos, «sí» significa: sentémonos y hablemos en serio. El número de hombres de negocios occidentales que han regresado a Hong Kong con entusiasmo exclamando que tienen un «trato hecho» es increíble.

«Ellos (los chinos) dijeron que sí, ya sabes. El alcalde de la ciudad también estaba allí. No dejó de asentir con la cabeza durante todo el banquete. Por lo tanto, debe de haberle gustado nuestra idea y estar de acuerdo. El gerente de la fábrica también dijo que «no hay problema», lo que significa que todos deben de estar de acuerdo. Preparemos los contratos y volvamos a firmarlos antes de que cambien de opinión.»

¡Buena suerte!

Cuando los chinos dicen «sí» en las negociaciones, existe un arte muy sutil para entender hasta qué punto están realmente de acuerdo con lo que la parte extranjera está diciendo. Por ejemplo, cuando los chinos responden durante las negociaciones con las palabras:

- *Ming bai*, quieren decir que entienden lo que la parte extranjera acaba de decir;
- *Ke yi*, quieren decir que lo que la parte extranjera está proponiendo es posible;
- *Tong yi*, quieren decir que, efectivamente, están de acuerdo con lo que subraya la parte extranjera;
- *Dui*, quieren decir algo que se puede traducir por una gama amplia de significados literales que van desde «De acuerdo» hasta «Sí», «Claro», «¿Por qué no?», «Ya veo», «A ver», «Ajá.»

Todo lo que no sea tong yi significa que no hay acuerdo. Fíjese bien en el hecho de que ming bai, yi ke, tong yi y dui pueden todos ser traducidos indistintamente como «sí».

Durante una negociación, la parte extranjera había preparado todos los documentos y la parte china se fue a su habitación en el hotel para leerlos. Algún tiempo más tarde, el director general de la parte extranjera llamó por teléfono a la parte china y le preguntó si había algún problema. El portavoz de la parte china respondió por teléfono «—Ti mei que wen (no hay problema).»

«—¿Eso quiere decir que usted está preparado para firmar los documentos?—le preguntó el director general.»

«—Ke yi (posible)—respondió el portavoz de la parte china.»

«—No me venga con eso de ke yi—reaccionó el director general—. ¿Va a firmar o no?»

«—Ying gai ke yi (lo más probable, tal vez)—le respondió el portavoz de la parte china.»

«—No me venga tampoco con eso de ying gai ke yi. ¿Está firmando o no? ¿Sí o no?—gritó el director general extranjero.»

«—No estoy seguro—respondió el portavoz de la parte china—. Será mejor que regrese y le pregunte a mi superior.»

Protección contractual

Según las concepciones occidentales de la ley, un contrato es un documento que es jurídicamente vinculante y al que una empresa puede recurrir si algo anduviera mal. En otras palabras, si la otra parte «rompe» su parte del trato, se puede demandarla y llevar el caso a los tribunales. ¿Correcto?

Bienvenido a China. Cinco millones de dólares de equipo están atornillados al piso de la fábrica en la provincia de Sichuan. Los otros cinco millones están en una cuenta bancaria conjunta en el Banco de China. Las marcas extranjeras quedan todas puestas bajo una licencia de la empresa conjunta y los moldes también están en la provincia de Sichuan. Ocurre un conflicto de gestión y la parte extranjera quiere recurrir en los términos del contrato ante los tribunales. Los tribunales no son una opción, porque esto no corresponde con la práctica china, por lo que el arbitraje es la única vía posible. Si la parte extranjera gana, entonces esto significa que se les felicitará a los abogados y se les pagará. Queda por arreglar todo lo que va a continuación. ¿Quién va a ir a la fábrica y desatornillar las máquinas para luego meterlas en un tren, hacer que pasen los controles de aduanas y salgan del país? Lo cierto es que no va a ser el abogado.

¿La culpa la tienen los chinos? No, la culpa es de los occidentales que insisten en adoptar un enfoque legalista para tratar las realidades muy prácticas que se dan al hacer negocios en China.

Lo que funciona en una escuela de negocios o en la sala de juntas de las oficinas ejecutivas del mejor bufete de abogados de primera fila tiene poca relevancia a la hora de hacer que una fábrica funcione en la China rural, y aún menos relevancia para hacer entender a la gente en el otro lado de la mesa de negociación lo que la parte extranjera realmente quiere hacer con la fábrica una vez firmado y aprobado el contrato.

Cuando se negocia un contrato, es sumamente importante entender que el contrato se ha de considerar como una herramienta que les permitirá a ambas partes asegurarse de que todos entienden lo mismo, y que todos saben cómo tienen que contribuir para que funcione, así como el provecho que cada uno va a sacar al final, si es que funciona. Esta es la esencia de un contrato legal en China. Si realmente se quiere cerrar el trato, no se ha de poner el enfoque únicamente en los aspectos legales del «¿Qué va a suceder si…?». El contrato más bien debe ser la herramienta gracias a la que se tiene la garantía de que todo el mundo entiende a los demás así que no vaya surgiendo ningún conflicto y que el acuerdo pueda funcionar y todos trabajarán juntos para lograr este objetivo.

Los extranjeros que se van volando a China, ansiosos de firmar documentos creyéndose que si todo es legal y cubierto por el contrato podrán acudir a los tribunales o al arbitraje si algo sale mal, tienen una idea muy equivocada de cómo se hacen negocios en China. Aquellos extranjeros que pasan mucho tiempo con sus homólogos chinos y entienden cómo piensan y lo que quieren, que pueden encontrar la manera de hacer que todo suceda bien para todo el mundo, y que comunican estas ideas a través de un lenguaje claro en un contrato, aquellos no sólo cerrarán un «trato» sólido sino que también abrirán el camino para una relación de negocios duradera, y es exactamente de lo que se trata cuando se habla de negocios en China.

Desarrollar un sistema legal a partir de cero

Cuando un banquero de negocios británico exclamó en Hong Kong: «No hay ninguna ley en China, entonces ¿cómo va a ser posible hacer negocios con personas si no tienen leyes?,» demostró a todo el mundo en la sala de juntas tanto su arrogancia como su ignorancia.

China ha desarrollado un sistema jurídico ampliamente orientado hacia los inversores extranjeros a partir de cero. Empezó en 1979 al adoptar su «Ley de la República Popular China sobre Joint Ventures Equitativos Chino-Extranjero» en un contexto de política de puertas abiertas que estuvo marcado por el ascenso de Deng Xiaoping al poder en el XI Congreso del Partido Comunista Chino en 1978.

Desde entonces, China ha adoptado igualmente una legislación respecto a la equidad para empresas conjuntas cooperativas y las empresas de inversión totalmente extranjeras, a la par que una legislación completa que rige todos los aspectos de la propiedad intelectual, el control de cambios, y la resolución de conflictos. En los últimos años, China ha implementado una legislación para regular los mercados de valores, y recientemente se ha aprobado una Ley de Empresas (2005).

En apenas más de veinte años, China ha adoptado una legislación suficiente para tener un sistema jurídico tan completo como casi cualquier otro país en el mundo. China llevó a cabo reformas legales en unos veinte años, mientras que Europa necesitó unos cinco siglos para lograrlas. El problema con los hombres de negocios occidentales es que no entienden cómo funciona el sistema jurídico chino ni cómo pueden beneficiarse de él.

Las leyes aprobadas por la Asamblea Popular Nacional establecen los principios generales implementados mediante reglas detalladas posteriormente y normativas promulgadas por el Consejo de Estado (la rama ejecutiva del gobierno) o por un ministerio determinado, una comisión u oficina a la que le corresponda. Conviene examinar las leyes para conocer los principios generales, las reglas y regulaciones para los detalles de cómo se deben aplicar los principios y las circulares u otras comunicaciones para los demás detalles que todavía podrían faltar o necesitar aclaraciones.

Este sistema cobra todo su sentido en un país en desarrollo con una economía experimentando transformaciones fundamentales. La ley establece los parámetros, pero después de una evaluación de la situación (ha de comprenderse después de «observar la reacción del pueblo») el gobierno va a llenar los vacíos completando la legislación.

Conviene tener en cuenta los cambios en las políticas que a menudo moldean la ley. Entender estas políticas significa entender cómo piensa el gobierno. De esta manera, uno puede entender la razón subyacente a las limitaciones en la ley y utilizar esto como ventaja decisiva en la estructuración de un acuerdo que funciona desde un punto de vista práctico. En la filosofía taoísta china, el agua siempre fluye camino abajo hacia donde encuentra menos resistencia.

Negociaciones prolongadas

Los negociadores extranjeros suelen quedarse frustrados por la naturaleza de las negociaciones en China. Les parecen a menudo un proceso que se prolonga sin cesar, un poco cual una guerra de guerrillas. En cierta medida, se debe a que los chinos no dudan en utilizar todo tipo de estrategias psicológicas o incluso físicas para que se desmorone el equipo adverso.

En realidad, las negociaciones comienzan en el momento en que el equipo negociador extranjero llega a China. El control de la agenda de la otra parte es fundamental para el proceso de negociación chino.

En una visita, el equipo negociador extranjero puede ser acogido por sus homólogos en el aeropuerto y ser acompañado con muchos detalles hasta la aduana. En otra visita, puede que se le deje fuera del aeropuerto, sin coche ni guía, hasta que se «encuentre» con su contraparte.

El equipo extranjero puede llegar a China con ganas de sentarse ya a la mesa de negociación y descubrir que sus anfitriones les han planeado una excursión completa para visitar todos los antiguos templos y pagodas que quedan en la ciudad, excursión seguida por un banquete completo. Esto le deja al equipo negociador extranjero tanto agotado como harto de comida, mientras que el fino equipo chino estará listo para comenzar las negociaciones a las siete de la mañana al día siguiente.

Por otra parte, cuando las negociaciones se prolongan sin encontrar la manera de ponerse de acuerdo, lo mejor es salir de la sala de negociaciones. Para los chinos relaciones armoniosas son muy importantes. La amistad se valora muchísimo. Los banquetes con muchos brindis calentarán el ambiente. El verdadero trato puede hacerse a menudo en el bar de karaoke, bebiendo XO, cuando todo el mundo se siente un poco menos tenso, y los temas conflictivos pueden ser discutidos con franqueza. Si uno sabe escuchar atentamente, la parte china puede, en tales circunstancias, decirle exactamente cuál es el problema y qué hay que hacer para resolverlo para que todos puedan pasar a la etapa siguiente en las discusiones.

Como lo comentó un negociador: «—Si el trato se hace demasiado rápido, van a pensar que algo anda mal. Así que cuando quieran llevarle a ver la Gran Muralla, no golpee la mesa con el puño y vaya sencillamente.» A veces, el camino que ofrece menos resistencia cubre más terreno.

Conocer a su homólogo

El peor error que cualquiera pueda hacer en una negociación es subestimar a sus contrincantes. Es posible que la parte china no parezca tan ingeniosa como sus homólogos occidentales extranjeros, pero puede saber mucho más sobre occidente de lo que los occidentales saben sobre China. Al final de los años 1970, China salía de la Revolución Cultural y durante la década de 1980 conoció una nueva era de crecimiento económico. En aquel entonces, las importaciones occidentales eran nuevas y a los occidentales se les hacía fácil impresionar a sus homólogos de negocios.

La China de los años 1990 y 2000 es diferente. Los chinos han adoptado un nuevo tipo de sofisticación que se puede relacionar con el hecho de que en la clasificación de las mayores economías mundiales ocupa el tercer puesto según el FMI. También se sitúa entre las seis principales naciones del mundo que poseen los más altos niveles de reservas de divisas. Las empresas respaldadas por China ahora emiten bonos sin complejos e incluso constan en las listas de los principales mercados mundiales.

Hoy en día, estas empresas están adoptando un estilo de gestión peculiar al que más bien se le podría denominar «socialismo de mercado con características 'chinas'.» Antaño, un negociador extranjero podía impresionar a sus homólogos, ofreciéndoles un paquete de cigarrillos Marlboro y exclamando «—Los cigarrillos americanos son el no va más.» La última vez que el autor vio a un norteamericano intentando lucirse con el argumento, el director de la fábrica china respondió aceptando cortesmente el paquete. Luego hizo una pausa, chasqueó los dedos y le ordenó a su secretaria, «—Mei Ling, vaya a buscar los puros Cohiba y el Remy Martin club para nuestro invitado.»

Como me lo explicó un amigo chino, «Verás, cuando los extranjeros escuchan hablar del socialismo de mercado de Deng Xiaoping con características chinas, piensan que tan sólo es un lema más del Partido. Ellos simplemente siguen sin entender de qué va en realidad. Sabes, ¡el socialismo de mercado en China tiene características chinas!»

【TERCERA PARTE】

—

LAS 36 ESTRATEGIAS
MARCIALES

ESTRATEGIA 1
Cruzar el mar confundiendo al cielo

Interpretación: ocultar secretos en el lugar más obvio así no se descubrirán.

A veces el truco más sutil es el más obvio. No se cuestiona lo que parece obvio.

Esta estrategia tiene sus raíces en el Período de los Reinos Combatientes de China. Hace unos 2 000 años, China estaba dividida en varios reinos que estaban en guerra los unos contra los otros. Un reino se llamaba Qin, otro Chu.

Un estratega brillante llamado Baili Xi vivía en el reino de Chu. El rey de Qin, que se había enterado de su pericia, quiso que Baili Xi pasara a ser su consejero. El problema era cómo sacarlo del reino de Chu sin que su rey se diera cuenta de que el rey de Qin resultaba aventajado.

El ardid empleado fue acusarle a Baili Xi de ser un fugitivo de Qin. Como el rey de Chu no quería a fugitivos de Qin yendo y viniendo por su reino, estuvo de acuerdo para que los soldados de Qin viniesen a por su supuesto fugitivo. No valía la pena derramar sangre por él. Entonces los soldados entraron en el reino de Chu, le pusieron grilletes a Baili Xi y lo arrastraron ignominiosamente a través del reino hasta el otro lado de la frontera en el reino de Qin.

El rey de Chu, pensando que Baili Xi no tenía ningún valor, se sintió aliviado al creer que había un fugitivo menos en su reino. Cuando Baili Xi llegó al reino de Qin, el rey le recibió, le regaló prendas de vestir de seda fina, y le nombró asesor superior.

Al negociar en China, las cosas no siempre son lo que parecen. Lo sutil nunca es obvio. Uno nunca debería fiarse de las apariencias.

A veces los empresarios extranjeros que van a China se dejan impresionar por lo que ven. Por ejemplo, una empresa china recibió a la delegación occidental en el aeropuerto, la llevó a un sitio de construcción donde vieron a muchos trabajadores sentados por ahí, y explicó que éste era el lugar donde se estaba construyendo tremendo centro comercial y un complejo de apartamentos.

Luego la delegación occidental fue llevada a ver un campo lleno de patos. Allí los chinos dijeron que se trataba de una propiedad suya, y que iban a construir una ciudad satélite completa «como Shatin en Hong Kong.» Los patos se escaparon cuando la delegación se dirigió hacia el campo cenagoso.

Posteriormente, se ofreció un banquete al que asistieron varios funcionarios de la ciudad quienes afirmaron todos que respaldarían a los que quisieran invertir en su ciudad. (Todos comieron pato de Pekín como plato principal.)

La delegación extranjera se fue impresionada y convencida de que había encontrado al socio chino conveniente con muchos proyectos impresionantes en una ciudad donde los funcionarios apoyaban tanto a la parte china como otros proyectos de inversión.

Los confiados inversionistas extranjeros ni se habían dado cuenta de que los trabajadores estaban sentados debido a que ya no había fondos para financiar la construcción y no se podía seguir adelante; el campo de los patos estaba a disposición de quien quisiera invertir dinero para desarrollar la zona; y los funcionarios de la ciudad apoyarían a cualquier persona que viniera con un talonario de cheques para invertir en lo que sea en la ciudad. De hecho, los funcionarios locales vieron a la parte china tan sólo como un intermediario para facilitar la inversión occidental. (Los patos se escaparon cuando los inversionistas caminaron por el campo, porque les daba miedo ser atrapados y servidos como patos de Pekín).

ESTRATEGIA 2
Sitiar el reino de Wei para salvar el reino de Zhao

Interpretación: Atacar el punto más débil de un adversario (por ejemplo, atacar al lugarteniente de un adversario), dividir y gobernar.

Durante el Período de los Reinos Combatientes, el reino de Wei atacó al reino de Zhao rodeando y asediando su principal ciudad fortificada. Cuando se vio en el apuro, el rey de Zhao pidió ayuda a su aliado, el rey de Qi. Al darse cuenta de que las fuerzas de Wei estaban totalmente desplegadas en todo el reino de Zhao, el rey de Qi pensó que sería mejor no atacarle a Wei frontalmente (de hecho, el rey de Qi quería preservar sus fuerzas y no perder tropas ayudando a un aliado, pero, al mismo tiempo quería ayudar a su aliado, pues si no lo hiciera y cayera Zhao entonces la guerra llegaría a las puertas de su reino). Así que ideó una estratagema. Qi hizo lo inesperado. Envió a sus tropas para sitiar la capital de Wei, que había quedado relativamente indefensa porque todas las tropas de Wei estaban ocupadas cercando el reino de Zhao. Wei no tuvo más remedio que suspender el asedio de Zhao y regresar rápidamente a su propia capital ¡para defenderla de Qi!

Cuando su adversario se empeña en oponer una fuerte competencia contra usted, puede evitar luchar contra él directamente si ataca sus partes vitales, pues el adversario no puede sino hacer todo lo posible para rescatarlas y protegerlas.

Esta estrategia se aplicó con éxito a una gran empresa europea que estaba negociando un gran proyecto industrial con una delegación china de la provincia de Hubei en un hotel en Shenzhen. En el último día de las negociaciones, las partes no podían llegar a un acuerdo sobre una serie de cuestiones. Cuando las cosas realmente empezaron a calentarse, la parte china sorprendió a todos anunciando de repente que había organizado el almuerzo en un restaurante del barrio que servía comida de estilo Hubei. El enfoque del ataque había sido cambiado. Los europeos insistieron en continuar las negociaciones, en especial porque había temas de suma importancia que quedaban sin resolver. Los chinos, sin embargo, insistieron en que el almuerzo ya había sido arreglado (y pagado) y por lo tanto todo el mundo debía dirigirse al restaurante. Dado que era un restaurante típico de Hubei, la parte europea no pudo negarse.

El almuerzo pronto degeneró en un concurso de ganbei con Maotai, los negociadores chinos alternaban para brindar con los extranjeros en un esfuerzo por obtener que el mayor número posible de ellos se emborracharan. En medio del banquete, los chinos también organizaron de improviso un espectáculo en una sala del restaurante generalmente utilizada para las bodas chinas. Luego anunciaron que se crearía la empresa conjunta, para mayor sorpresa de los europeos, y en violación del acuerdo de confidencialidad firmado anteriormente entre ambas partes.

Sin embargo, después de una comida de diez platos e incontables rondas de Maotai, la parte extranjera regresó a la mesa de negociación en la tarde húmeda de Shenzhen. La falta de aire acondicionado, el ruido y el polvo del exterior que fluía a través de las ventanas abiertas incomodaban a los negociadores extranjeros. Sufriendo las secuelas de un almuerzo demasiado abundante y los excesos de Maotai, los europeos ebrios no estaban en la mejor posición para defender sus intereses en las cuestiones claves que quedaban por resolver. La parte china, sin embargo, había rotado cuidadosamente a sus bebedores para limitar las cantidades consumidas por sus negociadores más experimentados. Así pudieron reanudar con las negociaciones con la mente despejada. «—¿Comenzamos?, —preguntaron—. Me parece que lo habíamos dejado en este tema...»

ESTRATEGIA 3
Matar con un cuchillo prestado

Interpretación: Hacer uso de los recursos de otra persona para realizar su propio trabajo.

Durante el Período de los Reinos Combatientes, Fei Wuji, el vice primer ministro del reino de Chu, estaba secretamente celoso del guerrero Xi Wan, nueva estrella ascendiente, quien gozaba del favor del propio primer ministro Nang Wa. Fei Wuji deseaba ardientemente matar a Xi Wan, pero por supuesto no podía hacerlo con su propia mano.

Un día, Xi Wan se enteró de que el primer ministro Nang Wa iba a visitarle. Esta noticia le causó mucha ilusión. Esperaba que iba a otorgarle grandes favores. Por ello, le pidió a Fei Wuji que le aconsejara en cuanto a lo que debería hacer para impresionar a Nang Wa.

Fei Wuji, a su vez, sugirió que, dado que la espada de Xi Wan era famosa por todo el reino, podría ofrecérsela a Nang Wa en esta ocasión que era de las más solemnes. La idea le pareció excelente a Xi Wan, que rápidamente ordenó que todas sus tropas pusieran sus uniformes de combate y que se mantuvieran en posición de atención, las dispuso por ambos lados de la sala de recepción, y colocó su espada pulida delante de él esperando la visita de Nang Wa.

Mientras tanto, Fe Wuji le advirtió Nang Wa que tomara precauciones al visitar a Xi Wan, ya que se rumoreaba que Xi Wan quería asesinar a Nang Wa. Nang Wa no les concedió tanta importancia a los rumores y se marchó a visitar a Xi Wan. Cuando Nang Wa vio las tropas de Xi Wan en uniforme de combate, a la espera en ambos lados de Xi Wan, éste esperando con la espada brillante delante de él, Nang Wa decidió que era una trampa y ordenó a sus tropas que atacaran a Xi Wan. Afligido, el guerrero se suicidó. Después de eso Nang Wa sólo le escuchó a Fei

Wuji, pues creía que le había salvado la vida. Por lo tanto, Fei Wuji se hizo muy poderoso.

A la esposa de Mao Zedong, Jiang Qing, le encantaba gritar «¡Quién tuviera un cuchillo en la mano!» durante sus ataques de histeria, y todos en la Casa Nacional de Huéspedes Diaoyutai en Pekín (de la que se había apoderado para convertirla en residencia privada durante la Revolución Cultural) intentaban cuanto fuera posible para que se apaciguara. Durante la Revolución Cultural, so pretexto de «cultura», y con la ayuda de Wang Hongwen, Zhang Chunquiao, y Yao Wenyuan, o sea los tres secuaces que componían con ella la llamada «banda de los cuatro», llegó a ejercer un gran poder desde la Casa Nacional de Huéspedes Diaoyutai usando a otras personas para hacer el trabajo sucio.

La estrategia de «matar con un cuchillo prestado» implica utilizar las herramientas de otra persona para alcanzar sus propios fines. Las compañías de fachada establecidas en Hong Kong con el respaldo de hombres políticos con responsabilidades importantes en China que no pueden mancharse las manos haciendo negocios, son un ejemplo perfecto de cómo esta estrategia puede aplicarse con éxito, sobre todo cuando tienen un magnate de Hong Kong que quiere pulir su guanxi en China pagando la cuenta.

Un chino desarrolló la estrategia de «matar con un cuchillo prestado» hasta hacer de ella todo un arte. El señor. Wang, oriundo de la isla de Hainán, salió de China en 1989 (cuando la situación no era tan buena), sólo para poder regresar a China en 1990 con un pasaporte extranjero. Pretendió ser un multimillonario chino viviendo ultramar dispuesto a invertir grandes sumas de dinero en la reconstrucción de la madre patria. Pudo entrar en contacto rápidamente con numerosos líderes chinos de alto nivel en un momento en que el país anhelaba la presencia de inversionistas. Tras una serie de sesiones de fotos con varios dirigentes chinos, entre los cuales contaban Wan Li, Liu Haming, y el difunto Wang Zen, Wang se fue otra vez al extranjero con su portafolio de fotografías para demostrar su vasta guanxi (red de relaciones) en China. Se las arregló para reunir a unos chinos de ultramar que creían en él y procedió a hacer que los fondos disponibles sirvieran de capital inicial para proyectos de infraestructura.

Con algunas posesiones bajo el brazo y numerosos proyectos surgiendo por todas partes, Wang se precipitó a Hainan, la base de sus operaciones, y demostró a los funcionarios locales y a sus amigos allí que tenía firmes relaciones con las élites del poder del Gobierno Central y contaba también con respaldos adinerados. Se le concedió un par de proyectos inmobiliarios. Él compró estos terrenos y comenzó a invertir el capital inicial en los proyectos (en su mayoría relacionados con la especulación sobre las tierras debida al incipiente auge inmobiliario en Hainan).

Wang comenzó entonces a buscar a inversionistas extranjeros mayores, mostrándoles las fotografías sacadas con la elite del poder de China y los proyectos existentes que estaban desarrollándose y emergiendo del polvo de la ciudad de Haikou (Hainan). Los inversionistas extranjeros se admiraron y decidieron apuntarse en la lista de las empresas de Wang en el extranjero, y comenzaron a dispensar su propio dinero para pagar a los aseguradores, abogados y banqueros de negocios. Con el respaldo de los banqueros (todos imaginando que estaban pagando por integrar la impresionante guanxi de Wang), se le vió más impresionante que nunca en Hainan, con una tarjeta de presentación en la que aparecían más compañías que en las Páginas Amarillas de Hainan.

ESTRATEGIA 4
Relajarse mientras el enemigo se agota a sí mismo

Interpretación: Ser paciente y agotar al adversario.

Durante el Período de los Reinos Combatientes, cuando Pang Juan del reino de Wei fue a atacar el reino de Qi, su enemigo de siempre, Sun Bin (el descendiente del maestro Sun Zi, a quien Pang Juan había hecho cortar las piernas en un encuentro anterior) advirtió: «—No se precipiten para combatir contra estos hombres. Sólo tienen que esperar y tomarlo con calma.»

En lugar de correr al campo de batalla para encontrar a Pang Juan a medio camino, lo que cansaría a sus propias tropas, Sun Bin optó por esperar en un valle lleno de cañafístulas. A continuación, repartió a sus mejores arqueros por cada lado del valle escarpado y les dijo: «—Cuando vean una luz en el valle, ¡disparen!»

Luego Sun Bin escribió un mensaje que decía: «Bajo este árbol, va a morir Pang Juan», y lo clavó en un árbol en el otro extremo del valle.

Mientras tanto, las tropas de Pang Juan regresaron a toda velocidad a la capital de Wei para rescatarla del asedio de Qi. Pang Juan ordenó a sus tropas exhaustas que siguieran adelante. Entretanto, las tropas de Sun Bin descansaban en el valle, esperando a que las tropas de Pang Juan cayeran en la emboscada. Las tropas llegaron al valle sólo para descubrir que estaba vacío y lleno de cañafístulas.

¿Dónde estaban los hombres de Sun Bin? Estaba oscuro y nadie podía ver nada en el valle. Las tropas de Sun Bin, escondidas detrás de las rocas por cada lado, escucharon a los hombres de Pang Juan abriéndose paso torpemente a través de los árboles. Cuando Pang Juan encontró la nota clavada en el árbol, encendió un fósforo para leer el mensaje. Al ver la luz, las tropas de Sun Bin dispararon sus flechas hacia el valle.

«An Bing Bu Dang» es uno de los más antiguos proverbios de cuatro caracteres chinos. Significa «mantener a las tropas inmóviles.»

El Maestro Sun Zi aconsejaba en su texto antiguo, «muévese sólo cuando le resulta ventajoso.»

Tácticas de espera se emplean con frecuencia en las negociaciones chinas con inversionistas extranjeros que podrían manifestar demasiada prisa a la hora de sellar el trato.

Esto es lo que una compañía estadounidense descubrió cuando uno de sus representantes negociaba su primera empresa conjunta. Uno de los gestores de su oficina en Taiwán fue mandado a China porque se suponía que como hablaba mandarín, sería capaz de negociar el acuerdo. El gerente taiwanés trabajó diligentemente respetando un calendario apretado. Asumieron tanto él como su equipo una enorme presión. Pero después de haberlo hecho todo correctamente y con muchísimos detalles, y dentro del tiempo impartido, él llegó a China y no pudo sino caer en la cuenta de que la parte china no firmaría. Según lo que constaba en el nuevo modelo de empresa conjunta, el contrato ya no le dejaba ningún poder al viejo director de la fábrica. El director, sin embargo, diría muy poco, excepto que no podían firmar el contrato hasta que se aclararan los términos relacionados con la producción.

La parte extranjera volvió al principio y trabajó a elaborar una serie de esquemas de producción que cumplirían con el requisito. Una vez más, agotándose a sí mismos para terminar dentro de un plazo que nadie les había impuesto, los negociadores llegaron a China tan sólo para escuchar que el contrato no se podría firmar porque no se había puesto suficiente «equidad en el capital».

Otra vez los negociadores extranjeros volvieron al principio y después de rehacer el contrato en una carrera para cumplir con su propio plazo, llegaron a China tan sólo para escuchar al viejo director de la fábrica sugiriendo que hablaran con los funcionarios del gobierno local, y escuchar sus puntos de vista, en efecto a ellos les correspondería aprobar el contrato. Al ser una ciudad pequeña, estos funcionarios locales eran, por supuesto, muy amigos con el director. Los funcionarios simplemente asintieron con la cabeza al escuchar las explicaciones de la parte extranjera. A continuación, llegaron a la conclusión de que sería necesario efectuar algunos cambios, pero no tenían muy claro qué forma deberían adoptar dichos cambios antes de les parecería posible aprobar el acuerdo. Otra vez se vencieron horarios ajustados para cumplir con los requisitos corporativos de medición de objetivos. Se hicieron más cambios por los cuales se retiró una parte importante del contrato, incluyendo los controles sobre el viejo director de la fábrica. Para sorpresa de todos, él firmó y poco después el contrato fue aprobado.

ESTRATEGIA 5
Saquear una casa en llamas

Interpretación: Explotar y aprovechar una oportunidad derivada de la situación caótica del adversario.

Durante el período de los Tres Reinos, Sun Quan y Zhou Yu le dieron jaque mate a Cao Cao. De hecho, al dejarse convencer de encadenar juntos todos sus barcos, los perdió todos en la batalla cuando los demás les prendieron fuego. Cao Cao no tuvo más remedio que huir, abandonando el territorio que había controlado en una situación caótica.

Un tercer rival, Liu Bei, y su maestro de estrategia, Zhuge Liang, sorprendieron a todos. Llegaron con sus tropas e invadieron el territorio con facilidad en medio del caos (antes de que Sun Quan y Zhou Yu se dieran cuenta de lo que estaba pasando), y recogieron gran parte de lo que Cao Cao había dejado atrás.

Ésta fue una estrategia que los británicos aprendieron de los chinos después de muchos años de negociación, y la constatación de que el seguidor servil de los Estados Unidos, o sea el Reino Unido, cuenta con pocas piezas de negociación contra China, la segunda superpotencia económica mundial después de los Estados Unidos.

Por ejemplo, el gobierno colonial de Hong Kong generó mucha publicidad llamando la atención sobre el futuro democrático de Hong Kong, cuando en realidad la historia demostró que nunca Hong Kong tuvo un gobierno democrático en sus cien años de dominio colonial británico. Lo que mucha gente creía era que la verdadera intención del Gobierno británico era crear cierto grado de caos en Hong Kong con el fin de distraer la atención internacional del hecho de que la principal intención de los colonialistas británicos era crear tantos pretextos como fuera posible para drenar las reservas de cambio de Hong Kong afuera (como se había practicado en otras colonias británicas en el pasado).

Algunos cínicos consideraron que una de las principales tácticas empleadas para despojar a Hong Kong de sus reservas de cambio fue la insistencia de Gran Bretaña en construir un nuevo aeropuerto, lo que dio lugar a la asignación de contratos lucrativos de construcción y consultoría a empresas británicas sin que presentaran ofertas muy competitivas. Este aeropuerto implicó recuperar enormes cantidades de tierras para rellenar el mar cerca de la isla de Lantau. También implicó la creación de grandes extensiones de tierra a través de la recuperación de la mayor parte de las tierras del puerto de Hong Kong, tratando con inversionistas locales que se dedican a la especulación antes de 1997, ya que esta tierra técnicamente estaba bajo «arrendamiento de la Corona» hasta la fecha.

Hoy en día, faltando poco para los Juegos Olímpicos de 2008, el gobierno municipal de Pekín ha aplicado las mismas técnicas que los colonos británicos, mediante la venta de grandes extensiones de tierra.

Bandas locales, ejecutando las órdenes del gobierno local, expulsan brutalmente a los habitantes para que los promotores inmobiliarios locales puedan utilizar los permisos otorgados por el gobierno local de drenar los fondos de las sucursales bancarias locales a fin de desarrollar proyectos de construcción tan inmensos como inapropiados usando materiales de escasa calidad, ya que todos los involucrados recibirán sobornos de los sobrecostes de construcción. No hace falta decir que los chinos son buenos estudiantes.

ESTRATEGIA 6
Fingir ir hacia el este mientras se ataca por el oeste

Interpretación: Confundir el mando de su adversario, y engañarlo

Entre el final de la dinastía Qin y el comienzo de la dinastía Han, Xiang Yu y Liu Bang se enfrentaron para suceder al emperador. Sin embargo, en un principio eran amigos.

Un día, Liu Bang quiso alejarse de Xiang Yu para irse a otro territorio, usando como excusa su deseo de ir a buscar a sus padres. Xiang Yu tenía miedo de que Liu Bang pudiera aprovecharse de ello para instalarse en otro sitio en un reino rival. Como era astuto, Xiang Yu insistió para mejor enviar a sus propios hombres a buscar a los padres de Liu Bang y así poder mantenerlos como rehenes, mientras tanto le dejaba a Liu Bang meterse en cualquiera aventura a la que quisiera dedicarse.

Esta estrategia se aplica a situaciones en las que uno dice (o hace) una cosa por un lado para engañar a los demás, mientras que su verdadera intención es hacer algo distinto.

Mao Zedong aplicó esta estrategia una y otra vez en sus batallas contra el Kuomintang. De hecho, en Chi Shui (Río Rojo), Mao cruzó el río no menos de cuatro veces. Cada vez, cuando Chang Kai-shek no esperaba que cruzara, cruzaba. Entonces, cuando Chang enviaba tropas al otro lado para luchar contra el Ejército Rojo, Mao ordenaba a sus hombres que cruzaran de nuevo. Con esta estrategia, Chang resultó totalmente confundido y Mao pudo ganar suficiente margen de maniobra para mover sus tropas a un sitio seguro.

Pretender moverse hacia una dirección mientras que en realidad se mueve hacia otra es probablemente la herramienta de negociación más

básica y fundamental que se puede aplicar a cualquiera de las negociaciones diplomáticas o comerciales (en realidad, hay muy poca dife-
rencia entre las dos).

Hace años que las negociaciones en torno al déficit comercial de los
Estados Unidos respecto a China domina a las relaciones comerciales
entre ambos países. Dado que el crecimiento económico chino se en-
camina hacia un ciclo de promoción de las exportaciones, los Estados
Unidos se enfrentan a unos sindicatos bien arraigados, industrias adus-
tas, y una sociedad demasiado cómoda con el statu quo para competir
con China en el frente de las exportaciones. Lo que necesita la economía
estadounidense no es otra invasión de una pequeña isla del Caribe o
país islámico para reforzar el nacionalismo en casa, sino una completa
revitalización y reorientación de su industria nacional. El problema es
que mientras esta revitalización se está debatiendo en todas las comis-
iones del Congreso, los Estados Unidos quieren mantener el mayor
número posible de productos chinos fuera de sus mercados nacionales,
y al mismo tiempo tratan de forzar la apertura del mercado chino para
sus propios productos.

Estos son los hechos, y es obvio que los negociadores comerciales de
los Estados Unidos no pueden llegar y decir esto abiertamente, de lo
contrario no tendrían la oportunidad ni de acercarse a la mesa de negociaciones, ni mucho menos sentarse a negociar. Por lo tanto, la solución estratégica para las negociaciones ha sido «fingir ir hacia el este
mientras se atacaba por el oeste.»

Mientras que el verdadero problema es el déficit comercial de Estados
Unidos, las cuestiones debatidas en la mesa de negociación son la protección de los derechos de propiedad intelectual de los Estados Unidos
en China y los derechos humanos. Los Estados Unidos no parecen preocupados por cuestiones de propiedad intelectual o derechos humanos
en otros lugares, tales como Taiwan y Corea del Sur (donde a todas lu-

ces se hace muy poco caso de ambos), pero sí les preocupan mientras negocian con China.

Mientras que copias piratas de discos compactos pueden comprarse en casi cualquier mercado abierto en Corea del Sur, Taiwan, Hong Kong, Singapur, Tailandia, Malasia e India, los negociadores comerciales de los Estados Unidos exigieron en 1995 que China cerrara once fábricas que supuestamente producían discos falsificados. Presentaron esta demanda ante el Ministerio de Comercio Exterior y Cooperación Económica, que no es el órgano responsable de la protección de la propiedad intelectual en China, ni el organismo responsable de las empresas de estado.

Obviamente, las demandas por parte del equipo de negociación de los Estados Unidos no podían cumplirse en la forma en la que las habían presentado. Por lo tanto, los Estados Unidos podían utilizar esta situación para justificar el imponer sanciones a las importaciones chinas.

Mientras ponen un conjunto de exigencias sobre la mesa e insisten en las demandas que no pueden razonablemente ser satisfechas, los negociadores estadounidenses han creado una excusa para lograr su verdadero objetivo, es decir restringir las importaciones chinas para ayudar a resolver el problema del déficit comercial de su país.

ESTRATEGIA 7
Crear algo a partir de nada

Interpretación: Convertir algo sin consistencia en realidad.

Durante la dinastía Qin, Chen Sheng y Wu Guang eran dos rebeldes que querían derrocar al emperador Qin. Sin embargo, los dos hombres se enfrentaron al problema de no tener suficientes partidarios a su favor para llevar a cabo con éxito una rebelión contra el emperador Qin. Con el fin de aumentar el número de sus seguidores, colocaron en los estómagos de los peces este mensaje «Chen Sheng se convertirá en el emperador» y soltaron los peces en un arroyo.

Conforme los pescadores a lo largo de ambos lados del río iban capturando estos peces, les abrían y encontraban los mensajes en los estómagos. Rápidamente se rumoreó entre la gente que Chen Sheng estaba destinado a convertirse en el emperador. Por consiguiente, se dio un impulso para apoyar a Chen Sheng en su rebelión contra el emperador Qin, y oleadas de voluntarios comenzaron a aumentar las filas de su ejército en ciernes.

Esta estrategia supone crear un impulso a partir de nada para traer consecuencias concretas.

En 1988, cuando el Gobierno central decidió que la isla de Hainan (entonces una de las regiones más subdesarrolladas de China y parte de la provincia de Guangdong) debía convertirse en una provincia independiente y Zona Económica Especial, una campaña publicitaria muy extensa puso el enfoque en Hainan para presentarla como el futuro centro de oportunidades comerciales en China. De hecho, en aquellos días se tendía a considerar que Hainan sería el «próximo Hong Kong» y por sus desiertas playas de arena, como el «Hawai chino» (dos conceptos de desarrollo diametralmente opuestos).

La propaganda en torno al desarrollo de la provincia de Hainan como provincia y Zona económica especial era tan grande que incluso los propios chinos se lo creyeron. Los graduados universitarios de toda China acudieron a Hainan en busca de empleos que no existían.

Un plan muy completo fue elaborado para hacer de Hainan un área que disfrutara de tecnología especial, medios de producción, turismo y zonas industriales. Entre 1988 y 1990, una multitud de hombres de negocios se fueron a Hainan para encontrar que el nepotismo local, entre otros factores, hacía que un trato comercial directo (de ser posible tal cosa en China) resultara difícil, si no imposible.

Sin embargo, la explosión de entusiasmo acerca de Hainan condujo a una afluencia de comerciantes y hombres de negocios guiados por la esperanza de que Hainan sería un experimento mayor de la reforma económica. El resultado de esta fiebre del oro fue que Hainan se convirtió en un centro de especulación, entretenimiento, y de una serie de vicios que van juntos con los grandes negocios, pero que son exactamente lo que los líderes del gobierno central querían mantener fuera de China (siendo ésta la razón por la que designaron Hainan –una isla– como blanco para este tipo de experimentación). El resultado fue que Hainan creció y prosperó. Los graduados universitarios consiguieron empleos bien remunerados.

«Crear algo a partir de nada» es también una táctica empleada regularmente por los inversionistas extranjeros, cuando tratan de conseguir que se aprueben sus inversiones en China. «Transferencia tecnológica» tiene una tonalidad muy particular para los representantes del gobierno a la hora de buscar soluciones para alcanzar objetivos relacionados con el fomento de una política económica de exportaciones a cambio de un programa de importación de tecnología de sustitución.

Los proyectos son, por tanto, a menudo aprobados con falsas esperanzas de que se transferirá a China excelentes tecnologías, y entonces crecerá el nivel de cualificación de los chinos a través de transferencias tecnológicas (lo cual se podría creer si se pensara que todos los inversionistas eran voluntarios del Cuerpo de Paz, vestidos de trajes con corte excelente y sujetando maletines de buena voluntad).

«Lo que nos importa de verdad es la gente,» es uno de los principales argumentos que entra por los oídos de los funcionarios al recibir visitante tras visitante. Palabras de grandes compromisos pero sin dinero en efectivo es uno de los motivos que impulsó al Consejo de Estado a promulgar en 1988 reglamentos imponiendo a los inversionistas extranjeros que pusieran al menos el quince por ciento de su capital social dentro de los tres meses de la obtención de una licencia de negocio para invertir (en el caso contrario perderían la licencia). El propósito de esta medida es impedirles a los habladores crear algo a partir de nada.

ESTRATEGIA 8
Aparentar tomar un camino mientras se entra a hurtadillas por otro

Interpretación: Distraer al enemigo, simular atacar por un lado y atacar por otro que el enemigo no defiende.

Esta estrategia se remonta a la dinastía Han cuando el legendario estratega Liu Bang quiso atacar a su adversario Xiang Yu. Con el fin de poner en práctica este ataque, Liu Bang ordenó a algunas de sus tropas que abrieran un camino ancho cortando árboles en el bosque con el fin de despejar el paso para que las tropas pudieran avanzar y atacar directamente a Xiang Yu. Esto, sin embargo, fue sólo una treta para despistar a Xiang Yu y no llamar su atención sobre la verdadera intención de Liu Bang.

Mientras que un grupo de soldados estaba abriendo un camino a través del bosque haciendo mucho ruido en su tarea, Liu Bang envió las tropas que verdaderamente iban al ataque contra Xiang Yu por otro lado, por un camino secreto sin que él se diera cuenta de que el mayor movimiento de tropas estaba teniendo lugar. Cuando las tropas de Liu Bang finalmente atacaron, Xiang Yu no estaba preparado, pues se había entretenido haciendo los preparativos contra la pequeña tropa ocupada a cortar los árboles para abrir un camino a través del bosque, y no se esperaba en absoluto que le iban a atacar desde el otro lado.

Esta estrategia consiste en un juego de manos, es decir, hacer algo abiertamente cuando en realidad se está haciendo otro movimiento sin levantar sospechas. Vamos a ver cómo las multinacionales extranjeras pueden valerse de esta estratagema para acceder al mercado de China.

China sabe que los inversionistas extranjeros están sedientos de oportunidades para entrar en el mercado chino con sus 1,3 millones de personas. Hubo un día en que los extranjeros pensaban que podían vender un cordón de zapato a cada chino, y la fortuna podía hacerse sobre la base de estadísticas de población del país. En consecuencia, la mayoría de las empresas internacionales tienen solamente un pensamiento en mente hoy en día: vender productos a China. La pregunta es cuál es la mejor manera de hacerlo en un mercado en el que aún se requieren aprobaciones para muchas actividades y en el que ciertas importaciones son muy restringidas.

Muchas multinacionales simplemente quieren vender sus productos a China. Sin embargo, China quiere que los productos se fabriquen en su territorio y también que las empresas extranjeras inviertan en el país, de esta forma China finalmente puede contar con la tecnología, las habilidades y capacidades productivas de sus socios comerciales occidentales hoy, —y competidores económicos en el futuro.

Por consiguiente, proveedores occidentales han terminado por darse cuenta de que sólo podrían entrar en el mercado chino creando empresas conjuntas, lo que además aumentaría sus posibilidades de sobrevivir en un mercado incipiente. Algunos de ellos ni siquiera incluyen mucha transferencia tecnológica, sino más bien la creación de fábricas con un valor añadido mínimo, para conseguir una autorización de comercialización para sus productos. «Si usted quiere estar allí a largo plazo, tiene que fabricar en el país,» dijo un ejecutivo de alto nivel trabajando para una multinacional americana.

Póngase el ejemplo de una multinacional estadounidense cuyo único interés era la venta de sus productos en el mercado chino, y acceder al sector minorista (un sector sensible en el momento en que este libro llegó a publicarse). No se pudo establecer una empresa conjunta al por menor, así que en su lugar se desarrolló una empresa de producción en una pequeña ciudad, con una inversión y tecnología mínimas. Básicamente, la empresa era un pequeño centro de montaje de bajo valor añadido, utilizado como base para poder difundir sus productos por todo el país. Aún cuando afirmaba que esto iba a ser su primera empresa conjunta para comenzar la fabricación de productos a través de un programa de transferencia tecnológica, de hecho, sólo era una operación de fabricación falaz y poco más de un centro de distribución de productos.

ESTRATEGIA 9
Observar los fuegos que arden al otro lado del río

Interpretación: Dejar que sus adversarios luchen contra el enemigo y observarlos atentamente, luego derrotar al superviviente agotado.

Durante el período de los Tres Reinos, los generales Yuan Xiang y Yuan Xi encabezaban los ejércitos de cada uno de dos de los tres reinos que estaban en guerra entre sí. Cao Cao, quien dirigía el ejército del tercer reino, no obstante, no mandó sus tropas a lidiar contra ninguno de los dos. En su lugar, contuvo sus tropas y se mantuvo en el margen a la espera de que ambas partes se aniquilaran entre sí antes de entrar en combate.

Durante el proceso de negociaciones, importa observar la situación con cuidado. Si hay algún indicio de discordia o conflicto interno entre la parte contraria, entonces esto en sí mismo ofrece una oportunidad. Si se tiene paciencia y se espera un poco, es muy posible que algún beneficio se pueda sacar de dichos conflictos internos.

La estrategia de «observar los fuegos que arden al otro lado del río» implica esperar pacientemente que el contrincante padezca una división en sus propias filas.

China aplica esta estrategia cada año durante las negociaciones anuales de comercio entre los Estados Unidos y China. Los negociadores del Departamento de Comercio de los Estados Unidos apuntan a China y la acusan de violaciones de la propiedad intelectual y de los derechos humanos, cuando lo que realmente está en juego es el propio déficit comercial de los Estados Unidos con China. «Si China no hace esto o no hace aquello...» los negociadores del Departamento empiezan a gritar «entonces vamos a darle una lección a China con medidas proteccionistas sobre esto... y aquello...»

El Gobierno chino entonces contesta con indirectas (a veces muy directas) alusiones a esas grandes corporaciones estadounidenses que fabrican y buscan cómo fabricar productos en China (las mismas que financian con sus dólares las campañas electorales de los presidentes estadounidenses), que si el Gobierno estadounidense emprende este tipo de acciones, el gobierno chino puede corresponderle con una acción similar (¡¡¡pero diferente!!!). Suena la alarma.

Los representantes de la Cámara Americana de Comercio en Hong Kong, Shanghái y Pekín envían a sus equipos de presión a Washington con el propósito de insistir ante los negociadores estadounidenses para que detengan sus amenazas. Cuando un ex secretario de Comercio estadounidense, Christopher Warren, esgrimió la amenaza de aumentar las tarifas arancelarias, el ministro chino de Asuntos Exteriores, Qian Jiqian, simplemente explicó que si los Estados Unidos querían imponer aranceles a los zapatos chinos importados, a continuación, China simplemente dejaría de venderles zapatos. Qian expresó su punto de vista ante el Secretario de Comercio destacando el hecho de que le quedaría por explicar la situación a los consumidores de los Estados Unidos, así como a los minoristas y la industria del calzado en su conjunto cuando regresara a casa.

En tales casos, los negociadores estadounidenses tienen que afrontar las divisiones en sus propias filas, entre el Gobierno y los grupos empresariales que constituyen el principal grupo de votantes para el gobierno de los Estados Unidos. A medida que las riñas internas se calientan, la presión sobre China va disminuyendo, y ya no se habla del tema un año más, se lo deja de lado para otro día de negociación, como mínimo.

ESTRATEGIA 10
Ocultar la daga tras una sonrisa

Interpretación: Hacer que su adversario se relaje y no se cerciore de su enemistad; ocultar la hostilidad tras la amabilidad.

Durante la dinastía Tang, el emperador Tang Gao Zhong tenía un ministro de alto rango muy influyente en la corte. Se llamaba Li Yifu. Se le conocía por su cara sonriente y su forma de ser conciliadora para con cualquier persona que fuera su superior. Al mismo tiempo, los odiaba a todos en secreto.

El emperador no se daba cuenta de que Li Yifu tenía el alma tan negra, Li Yifu se pasaba el tiempo alabándole y sonriéndole. El emperador hizo caso omiso de las advertencias de otros acerca de Li, fijándose sólo en las sonrisas de Li que le parecían muy sinceras.

En cantonés, se dice de tales personas que son «tigres sonrientes.»

Muy a menudo se puede comprobar esta situación en las relaciones internas de sus homólogos chinos. El presidente o gerente general de una fábrica china puede realmente haberse granjeado el respeto de sus empleados, pero al mismo tiempo, tendrá aduladores para lisonjearle, encenderle los cigarrillos, verterle el té, y amontonar alabanzas sobre él hasta el punto que él mismo nunca sabe quiénes son sus verdaderos amigos o partidarios.

Otros simplemente disfrutan de la adulación y se creen las palabras de los aduladores.

Esto, sin embargo, no sólo se limita a la estructura corporativa de las empresas chinas, sino que probablemente también es un problema para los lectores de este libro. Simplemente póngase a observar entorno suyo en la oficina y esté atento , comprobará quién más se porta así.

El famoso poeta de la dinastía Tang, Bai Juyi, escribió : « En el rostro de Li Yifu siempre está una sonrisa, y detrás de cada sonrisa se oculta una daga. »

ESTRATEGIA 11
Sacrificar el ciruelo por el melocotonero

Interpretación : Cuando sea necesario, sacrificar lo menos importante con el fin de preservar lo vital ; sustituir una cosa por otra.

En el Período de los Reinos Combatientes, Xun Cong, un gobernador de provincia de alto rango, nombró a su hijo Ji Ze como su sucesor. Arregló un compromiso para su hijo con Xun Zhen, la hija de uno de los líderes del estado de Chi. Pero al ver la belleza de la novia, el padre decidió que la quería para sí, y desterró a su hijo a otra región con el fin de sacarlo del camino.

Xun Zhen más tarde tuvo dos hijos, uno llamado So y otro llamado Suo. El padre llegó a amarles mucho a sus dos hijos menores y rechazó a su hijo mayor. La joven segunda esposa sugirió que mataran a Ji Ze, el proscrito hijo mayor, y sucesor designado. Sin embargo, no sabía ella que uno de sus dos hijos en realidad le tenía más cariño a Ji Ze, su medio hermano, que a su propio hermano. Con el fin de salvar a Ji Ze, el hijo menor, So, vistió la ropa Ji Ze y, como resultado, fue asesinado por los sicarios de su madre.

La moraleja de la historia es que usted tiene que separarse de algo que tiene mucho valor con el fin de conseguir algo a cambio. El resultado final, sin embargo, no siempre es lo que se espera.

Lo que pasó con la sucesión dinástica imperial también puede ocurrir para el control de las sociedades conjuntas equitativas, es meramente el problema más importante tanto para los chinos, así como para los extranjeros.

Cuando se aprobó en 1979, la «Ley de la República Popular China sobre Joint Ventures Equitativos Chino-Extranjero»obligaba a que la parte china siempre asumiera la presidencia de una empresa conjunta. En 1990, enmiendas a la ley flexibilizaron esta disposición, permitiendo que el Presidente fuera designado por cualquiera de las partes, con tal de que estuvieran de acuerdo.

Ante la ley china, el presidente de la empresa conjunta es el «representante legal». Su firma es vinculante para la empresa conjunta.

En lo que se refiere a la parte china, esta disposición es importante ya que el presidente de una fábrica es a menudo un cuadro que se ha pasado la mayor parte de la vida con la empresa, que inspira respeto y asume responsabilidades tanto a nivel de la empresa y como de la comunidad a la que la empresa va unida.

En cuanto a los negociadores extranjeros, más se preocupan por las cuestiones de responsabilidad legal y del peligro que se correría si un representante legal cayera en la tentación de beber demasiadas copas de Maotai o XO en el bar de karaoke.

De la misma forma, otro tema fundamental para los extranjeros es el del control. El control implica que se mantengan los niveles de calidad de la producción de la empresa conjunta. Sin control de gestión, los inversionistas extranjeros son reacios a poner su dinero sobre la mesa.

Para la parte china, control es dar cara y asumir poder. Para la parte extranjera, es garantía de calidad y rentabilidad.

El compromiso es a menudo un acuerdo interno mediante el cual la parte extranjera concede el puesto de presidente a la parte china a cambio de obtener el de director general de la empresa conjunta. En los contratos que se van a elaborar, la gestión y el consejo de administración se van a separar y se le otorgará al director general un control muy extendido y la supervisión de las operaciones de la empresa conjunta, el consejo de administración sólo podrá tomar decisiones en las áreas de política u orientación general.

Entonces el presidente del consejo de administración ve su poder limitado a sólo ser capaz de firmar en nombre de la empresa conjunta o ejecutar decisiones votadas por el consejo de administración, con lo que cualquier acción independiente por parte del presidente resulta nula. El director general, a su vez, tomará el control de la calidad real y los problemas operacionales de la empresa conjunta. Así es como en las negociaciones uno suele sacrificar la posición de ciruelo, abandonando el poder visible, con el fin de conservar el importantísimo control sobre los asuntos internos.

ESTRATEGIA 12
Aprovechar la oportunidad para robar una cabra

Interpretación: Sacar provecho de la negligencia o la incompetencia de su adversario cuando la elección es correcta.

A principios de la dinastía Ming, el emperador Zhu Di llegó al poder derrocando a su predecesor, Jianwen Di, de quien se decía que se había escapado y escondido en algún lugar de las selvas del sureste de Asia. El emperador Zhu Di ordenó que se persiguiera a Jianwen Di para traerle de vuelta. Su famoso eunuco general, Zheng He, al enterarse de esta orden, salió en su busca con la marina de guerra.

Aunque Zheng nunca le encontró a Jianwen Di, se pasó mucho tiempo recorriendo mares y océanos, conquistando otras naciones del sureste asiático con las fuerzas marinas imperiales. El resultado fue que a pesar de que no hizo lo que se suponía que debía hacer, él fue capaz de lograr mucho más.

Desde aquel entonces esta estrategia se ha aplicado a situaciones en las que finalmente se sale con mucho más de lo que esperaba.

Robarle una cabra al enemigo cuando se presenta una oportunidad es fácil de hacer, especialmente cuando el enemigo está en un apuro. La negligencia es lo que caracteriza la forma en que muchas compañías occidentales tratan de negociar acuerdos en China. La euforia de hacer una oferta en China, y la prisa para entrar de cabeza en el mercado, acarrean una multitud de errores.

Como lo explicó un ejecutivo : « No deje que su director general tome el avión, se quede atónito frente a cualquier persona o cosa, y haga una promesa que luego le deje maniatado en el proceso de negociación. A los chinos les encanta cuando saben que el negociador de una compañía está bajo presión por parte de su jefe para cerrar el trato.»

Ocurrió que una multinacional norteamericana ansiosa por fabricar sus productos en Guangzhou (Cantón) se relacionó con un grupo de Hong Kong que afirmaba tener contactos familiares en una de las pequeñas ciudades en la provincia de Guangdong. Dicha multinacional no investigó de forma independiente la validez de estos contactos. Dio crédito a lo que había proclamado el grupo de Hong Kong sin más preguntarse, y pronto se encontró en una situación muy difícil, con el abandono de su posición clave en las negociaciones al revelar que le importaba mucho comenzar la producción lo cuanto antes con el fin de cumplir con los pedidos programados. La parte china prosiguió presentándoles un contrato y los documentos relacionados cuyos términos eran totalmente inaceptables. El grupo de Hong Kong en calidad de negociadores había perdido la mayor parte de su poder de negociación al revelar que la empresa extranjera ya se había comprometido con un programa de producción que supuestamente tenía que empezar dentro de un plazo de seis semanas a partir de la firma de los contratos por los chinos. La parte china y los socios de Hong Kong contestaron sencillamente a las quejas de los inversionistas extranjeros «—Si no firman los documentos en su forma actual, aprobar el proyecto necesitará más tiempo y sabemos que les hace falta empezar pronto la producción.»

Del mismo modo, el autor del presente libro ha perdido la cuenta del número de veces que los empresarios extranjeros han regresado de la mesa de negociación con las cartas de intención firmadas o contratos sin llegar a entender completamente el significado de lo que habían firmado. En muchos casos, incluso se han involucrado en acuerdos redactados en chino ¡sin entender lo que estaba escrito en el contrato!

«—Pero confiamos totalmente en la parte china porque nuestra relación es fenomenal. Nos llevaron a tantos banquetes, y se negaron a hacernos pagar por nada,—ha explicado uno de los empresarios occidentales que trajo su carta de intención firmada en chino al autor.»

ESTRATEGIA 13
Golpear la hierba para asustar a la serpiente

Interpretación : No dar pistas a su adversario.

Durante el período de los Reinos Combatientes, el rey de Zhongshan tenía dos cortesanas muy bellas llamadas Yinji y Jiangji. Ambas deseaban convertirse en esposa oficial del rey. Una de las dos, Yinji, tenía un amigo que era un estratega famoso y estuvo de acuerdo para ayudarla a fomentar un plan. Así pues, el estratega advirtió al rey que su vecino, el rey de Zhao, quería secuestrar a Yinji para hacerla suya.

El rey de Zhongshan se encontraba en un dilema. No quería abandonar a Yinji pero no tenía suficientes tropas para derrotar al reino de Zhao en caso de guerra. Entonces el estratega sugirió una idea. Si el rey de Zhongshan elevara Yinji a la condición de reina, el rey de Zhao no podría llevársela.

En aquel entonces, si bien se toleraba que se pudiera desear, e incluso pedir a la cortesana de otro, no se admitía de ninguna forma la misma actitud con una esposa. En consecuencia, Yinji se convirtió en reina y el rey felizmente se creyó que había encontrado la manera de mantenerla a salvo del rey de Zhao.

En los viejos tiempos, esta estrategia implicaba básicamente obligar al enemigo a abandonar su posición para conseguir lo que uno quería. Hoy se ha llegado a significar no haberle avisado a un adversario.

A veces, en China esta estrategia no funciona exactamente como lo tenía planeado el estratega. Un ejemplo de ello es el caso de un equipo negociador sueco perteneciente a una importante empresa conjunta de telecomunicaciones que se pasó una semana en un hotel de Pekín negociando con una de las empresas más importantes de la electrónica de Nanjing.

En el primer día de las negociaciones, el abogado del equipo sueco se quedó en un cuarto trasero y de ahí le daba consejos sobre los términos del contrato a su equipo, mientras estaba negociando con la parte china.

Después del segundo día de negociaciones, en el equipo sueco hubo una discusión para decidir si el abogado debía estar o no en la sala para negociar directamente con la parte china. Pensaron que como los chinos no tenían a su propio abogado, ellos saldrían grandemente perjudicados.

En el tercer día de las negociaciones, el equipo sueco, confiando en que la parte china estaba en desventaja porque no tenía abogado, llegó a la mesa de negociación acompañado por su abogado para tener más peso en las negociaciones. El abogado negoció los contratos con el equipo chino durante el tercer día y el siguiente.

En el quinto día de las negociaciones, cuando el equipo sueco llegó con su abogado, entonces agotado por los dos días anteriores de negociaciones, descubrieron a un abogado chino sentado al lado del director general, y el equipo chino preparado y listo para defender su posición con fuerza en la mesa de negociación. Para sorpresa del equipo sueco, los chinos habían traído a su propio abogado desde Nanjing para las negociaciones. Resultaba que él los había estado aconsejando desde su habitación de hotel desde el primer día de las negociaciones.

ESTRATEGIA 14
Levantar un cadáver de entre los muertos

Interpretación: Utilizar algo muerto para alcanzar sus propios fines.

Li Tieguai es uno de los «Ocho Inmortales» de la mitología china. Era un hombre guapo cuyo espíritu decidió dejar su cuerpo y volar por los alrededores durante siete días para explorar la otra dimensión. Antes de salir volando de su hermoso cuerpo, Li Tieguai les pidió a unos compañeros que se quedaran vigilando su cuerpo durante su ausencia y que él ya estaría de vuelta dentro de siete días.

Pero se cansaron de esperar e incineraron el cuerpo. A los siete días, cuando el espíritu de Li Tieguai regresó volando de la otra dimensión a este mundo, se volvió loco porque no podía encontrar a su viejo cuerpo, no encontró sino sólo cenizas. No le quedaba más remedio que tomar el primer cuerpo que no estaba ocupado por ningún alma, y por lo tanto tuvo que buscar cobijo en el cuerpo de un mendigo que acababa de morirse. Desde entonces, Li Tieguai ha sido representado como un mendigo feo.

El propio gobierno chino ha adoptado la estrategia de «levantar un cadáver de entre los muertos» para solucionar problemas vinculados con la revitalización de unas empresas estatales obsoletas.

Hoy en día, China afronta un problema importante con sus empresas estatales. Durante la década de los años 1950, bajo la influencia de la planificación estatal soviética, estas empresas se establecieron no para ser comercialmente viables, sino para proporcionarle puestos de trabajo a la población y justificar que se le asignara una renta. El rendimiento era bajo y los resultados económicos globales peores todavía.

Mediante una serie de medidas políticas, se ha reducido la planificación estatal y estas empresas han tenido que adaptarse a la creciente economía de mercado en China. Esto significa que muchas de estas empresas, en el nuevo contexto de una economía de mercado, no tenían una base comercial que les permitiera seguir funcionando. Con la aceptación del concepto de quiebra en los últimos años en China, numerosas fábricas de propiedad estatal se han convertido en cáscaras vacías.

¿Cómo se puede «levantar un cadáver de entre los muertos?». China ha iniciado un ambicioso programa experimental de transformación de las empresas estatales en empresas con accionistas. A muchas de las empresas funcionando con este nuevo modelo se las selecciona luego para añadirlas en la lista de una de las bolsas de valores internas chinas, en Shanghái o Shenzen. Prácticamente todas las empresas estatales en China están intentando transformarse ahora en empresas de participación accionista y encontrar un camino para ingresar una bolsa de valores interna. Algunas incluso han llegado a ser seleccionadas e incluidas en las listas de las bolsas de valores de Hong Kong o de Nueva York.

Del mismo modo, la política de fomento de la inversión extranjera a través de empresas conjuntas que implique tanto la transferencia de tecnología extranjera y las capacidades de gestión como las inyecciones de capital es otra manera de infundir nueva vida a viejos cadáveres. Las empresas estatales, muy conocidas por su falta de eficacia y sus bajos estándares, se benefician de tales transferencias. Los contratos para la creación de las empresas conjuntas muy a menudo se firman para un determinado período de tiempo al cabo del cual la empresa estatal china sigue su propio camino no sólo con el capital, sino también con los beneficios de la capacitación tanto técnica como de gestión administrativa adquiridos durante el período de inversión.

ESTRATEGIA 15
Atraer al tigre fuera de las montañas

Interpretación: Obligar al adversario a alejar a su elemento más fuerte lejos de su base de defensa.

Al final de la dinastía Zhou, el rey de Zheng quería deshacerse de su hermano menor porque sabía que éste aspiraba a convertirse en rey. El rey ideó una estrategia. Le dijo a su hermano que iba a visitar al emperador de Zhou. Cuando el rey salió de la capital, el hermano más joven decidió seguirlo con las tropas. El rey, sin embargo, no fue a visitar al emperador, sino que preparó una trampa en el camino.

El hermano menor condujo a sus propias tropas fuera de su propio feudo, dejándolo desprotegido. El rey, en un hábil movimiento de tenaza, atacó las tropas de su hermano con algunas de sus propias tropas mientras le seguían por el camino; y, al mismo tiempo, ordenó a otras de sus tropas que marcharan a atacar el feudo indefenso de su hermano menor.

Al Presidente Mao le gustaba «atraer al tigre fuera de las montañas.» Sería porque él se consideraba a sí mismo tal un tigre en unas montañas fuera de las que los demás no podían atraerle.

Mao llamó a los estadounidenses «tigres de papel». Después de años a lo largo de los que las relaciones entre China y los Estados Unidos se habían derrumbado, Mao primero debía de atraerle a Kissinger, y luego a Nixon, fuera de las montañas norteamericanas hasta China. Mao salió de China una sola vez en su vida y fue para reunirse con un jefe de Estado, el de la Unión Soviética. Nunca volvió a salir de su país.

A fin de cuentas, cuando Kissinger y Nixon llegaron a China, nunca pudieron saber cuándo iban a encontrarse con Mao, hasta que los convocó. Kissinger y Nixon estaban descansando en la Casa Nacional de Huéspedes Diaoyutai cuando notaron un brote de frenesí en el exterior. limusinas Hongqi avanzaron a través de las puertas, y se les informó a Kissinger y Nixon que Mao quería verlos «inmediatamente». Acto seguido fueron llevados a la casa de recreo privada de Mao en Zhongnanhai, donde los recibió en su propia madriguera de tigre, o sea su biblioteca. Negociar en el terreno del adversario siempre supone una gran desventaja. Por lo tanto, es muy importante encontrar una manera de «atraer al tigre fuera de su propia montaña» para que las negociaciones puedan tener lugar en un campo de juego más equitativo.

Una empresa alemana tiene buena experiencia en mandar equipos a una pequeña ciudad en la provincia central de Hubei para negociar con una fábrica. Dado que la fábrica era uno de los mayores generadores de ingresos locales, se implicó literalmente toda la ciudad. Cuando los equipos se fueron a negociar, se quedaron en el hotel que la fábrica había reservado. Se encontraban con los directores de la fábrica cuando éstos lo habían decidido. La fábrica fijaba el horario de todas las comidas (las cuales se tomaban en el comedor de la fábrica o en el restaurante que le pertenecía). Cada noche, se llevaba a los negociadores a un bar de karaoke y discoteca que también pertenecían a la fábrica. Los días y luego las semanas pasaron sin ningún resultado concreto.

Finalmente, el equipo alemán comenzó a insistir en que las negociaciones se llevaran a cabo en Pekín. Insistieron en reservar una sala de conferencias en uno de los hoteles de cinco estrellas. Hasta aceptaron ayudarles a los administradores de la fábrica para pagar sus habitaciones –aceptaron todo lo que fuera necesario con tal de sacarlos de su territorio personal y llevarlos a uno neutral.

Los directores de la fábrica, finalmente, acudieron a Pekín, donde la compañía alemana podía controlar más fácilmente la agenda. Las negociaciones empezaban cada día con la puntualidad alemana a las 8:30, y se interrumpían a la hora del almuerzo. Luego, se reanudaban a las 2:00 y se terminaban a las 7:00 de la tarde. Habiendo establecido los alemanes un conjunto de objetivos para cada día, las negociaciones iban progresando constantemente, una situación que nunca se.

ESTRATEGIA 16
Deshacerse del enemigo permitiéndole escapar

Interpretación: No animar a su adversario a luchar.

A principios de la dinastía Han, el rey de Donghu era un hombre sumamente arrogante. Le exigió al rey de Hun que le diera su caballo más rápido. Si bien sus consejeros se opusieron a ello, el rey de Hun aceptó. A continuación el rey de Donghu, más engreído todavía, exigió que el rey de Hun le diera su propia esposa. Enfureció a los asesores del rey de Hun que le desaconsejaron tal conciliación. Él, sin embargo, era particularmente inteligente y dijo, «No hay ningún problema. Si él quiere a mi mujer, puede tenerla,» y le mandó a su esposa.

A partir de entonces, el rey de Donghu se convenció de que el rey de Hun era inútil y débil. Como resultado, no se molestó en reforzar las defensas a lo largo de la frontera común ya que consideraba que su vecino era un cobarde. Un día, el rey de Donghu, movido por su orgullo y vanidad, exigió que el rey de Hun le diera parte de las tierras situadas a lo largo de su frontera común. Los consejeros se sorprendieron cuando el rey de Hun exclamó: «¡Se acabó!» y salió con su ejército a la conquista de todo el reino de Donghu cruzando la frontera que su adversario había dejado sin defensa.

«En cuanto a algunas reglas que existen mejor vale no seguirlas... lo mismo con algunas tierras por las que mejor vale no entrar en batalla,» escribió Sun Zi hace unos 2.000 años. Sun Zi era un defensor de no arrinconar al enemigo en una esquina. En su tratado titulado El arte de la guerra, recomendó no luchar contra un enemigo acorralado, cerca de un río y sin vía de escape alguna. Era mejor dejarle pensar que podía escapar y luego atacar.

Los empresarios occidentales que acuden a China a menudo pretenden resolver ciertos asuntos con demasiada rigidez, y luego se quejan de que entrar en el mercado chino es como tratar de destrozar la Gran Muralla. La frustración es ordinaria entre los inversionistas extranjeros que intentan negociar contratos complejos en China. La primera regla es no mostrar su frustración. La segunda es impedir que la otra parte sentirla.

Cuando las negociaciones se encaminan a un callejón sin salida, es muy importante permitirle a la parte china encontrar una salida. A veces esto se puede conseguir creando dos escenarios opcionales y exponiéndolos en la mesa de negociación dejando que la parte china elija uno. Así los negociadores extranjeros obtendrán mejores resultados que si intentan imponer a la fuerza su posición sobre la parte china.

Del mismo modo, es importante siempre dar «cara» a la parte china. Hasta en una situación que parece no tener salida, no se debería dejar transparentar sus frustraciones. Si se han pronunciado palabras duras en la mesa de negociación, o si la parte china se siente encerrada en una situación problemática, no podrá sino sólo pensar en esta cuestión, y semanas (a veces meses) se desperdiciarán simplemente tratando de resolver algo que podría haber sido eludido si se hubiera dado a la parte china algunas opciones que considerar, o varias posiciones alternativas entre las que elegir.

ESTRATEGIA 17
Fabricar un ladrillo para obtener jade

Interpretación: Utilizar un cebo (o parecido) para atrapar algo grande.

Durante la dinastía Tang, el emperador Tang Taizhong quería adquirir una famosa obra caligráfica del legendario Wang Xizhi. El monje a quien pertenecía la tenía cuidadosamente guardada. Tang Taizhong utilizó una estratagema: le pidió a un ministro que acudiera a visitar al monje para presentarle otra obra de Wang Xizhi para poderla comparar con la suya. Después de compararlas, el ministro le dijo al monje que su caligrafía era una falsificación. El monje, desalentado, dejó la verdadera caligrafía por ahí sin vigilancia, y se fue a atender otros asuntos. El ministro aprovechó la oportunidad para robar la caligrafía y salió a dársela al emperador.

Ésta es la táctica empleada a menudo por los magnates de Hong Kong al intentar abrirse una grieta en el mercado chino. Empiezan haciendo donaciones y contribuciones a diversas causas en China sin pestañear ni pedir nada a cambio, y eso durante cierto tiempo. Luego, cuando menos se espera, van a actuar de forma diferente y exigir ciertas condiciones a cambio de sus inversiones. Los funcionarios que tanto tiempo se favorecieron de su generosidad terminan convencidos de que tienen alguna obligación para con ellos, ya sea o bien real o bien psicológica.

Veamos el ejemplo de Li Ka-shing, el más famoso y apreciado magnate de Hong Kong. Durante años, Li Ka-shing se negó a invertir en China. Realizaba prácticamente todas sus actividades de inversión en Hong Kong y luego en Canadá, pero nunca en China. Y sin embargo, siempre lo había tenido en mente.

Su primer paso fue hacer donaciones, y principalmente a escuelas. Una donación aquí, una donación allá, todo en nombre de la buena voluntad, siempre sembrando semillas de buena voluntad (y con ella una oblig-ación consustancial) a dondequiera que fuera. Los que pasan hambre hoy no piensan en lo que se les podrá pedir mañana. Su segundo paso fue expresar buena voluntad en el campo de la política. En 1989[1], mientras que muchos magnates de Hong Kong se pasaban el tiempo protestando contra China tras los acontecimientos del 4 de junio, ni un sonido salió de la boca de Li. Cuando en los años 1990 la economía china se encontró otra vez en su punto de partida y conoció otra temporada de crecimiento, esos mismos empresarios que ponían el grito en el cielo en el verano de 1989 comenzaron a echarse para atrás y regresar corriendo atraídos por las oportunidades comerciales y de apoyo financiero, pero Li ya estaba allí con su postura de respeto y buena voluntad permanentes. A continuación, en 1997, comenzó a ponerse de acuerdo con las autoridades chinas para proceder a su traslado de Hong Kong a China. Sus credenciales eran impecables.

En 1994, decidió que había llegado la hora de sacar provecho de sus muestras de buena voluntad. Él pidió una gran concesión, una enorme extensión de tierra en el centro de Pekín enfrente de las famosas aveni-das Chang An y Wangfujing en Pekín. El gobierno municipal de Pekín se lo concedió todo, excepto por la parte más valiosa, un lote de esquina situado enfrente del famoso Hotel Beijing ocupado por la cadena es-tadounidense de comida rápida, McDonald's.

Li Ka-shing insistió para que todo se hiciera a su manera. Después de haber donado tanto a China, y de haber «invertido» en tantas relacio-nes sin pedir nada a cambio, era hora de que los numerosos ladrillos que había fabricado se convirtieran en jade. Supuestamente, les habría dicho a las autoridades municipales de Pekín: «—Si no puedo tener el lote de la esquina, ¡no voy a invertir absolutamente nada en China! A McDonald's sólo le quedará por irse.»

---

[1]. Protestas de la Plaza Tienanmen entre el 15 de abril y el 4 de junio de 1989

Y así fue como las autoridades le anunciaron a McDonald's que su contrato de veinte años requería algunos ajustes menores, a saber que tendrían que trasladar su mayor operación de venta minorista en el mundo y dejar su ubicación estratégicamente importante. A pesar de la indignación suscitada por este incidente entre la comunidad comercial internacional, Li Ka-shing insistió, haciendo hincapié en toda la buena voluntad que había demostrado a lo largo de los años sin pedir nada a cambio, lo que le daba derecho ahora a pedir hasta lo imposible, conseguirlo.

ESTRATEGIA 18
Capturar al cabecilla para prender a los bandidos

Interpretación : Disparar al caballo primero para derrumbar al jinete.

Durante el período de los Tres Reinos, Cao Cao era muy astuto y utilizaba al emperador Han Xian Di para decirles a todos lo que tenían que hacer. Cada vez que Cao Cao quería hacer algo, conseguía que el emperador lo hiciera por él. Cuando el emperador promulgaba un decreto, nadie se atrevía a desafiar a Cao Cao.

Nunca se debe subestimar la importancia y el alcance de las guanxi, redes interpersonales que van detrás de las relaciones de patrón a cliente en China pues hace que el poder de decisión de ciertos líderes, a veces parezca todo poderoso.

Sin embargo, conviene recordar que un líder se encuentra detrás de cada líder y la cadena jerárquica acaba por llegar a alguna parte. De ahí que los poderosos parezcan todopoderosos. Esto crea una situación en la que parece que si se puede conseguir una decisión (independientemente de la forma oblicua en que la decisión se ha tomado) por parte del cuadro superior en el tótem, entonces todo el mundo por debajo tendrá que aceptarla, de alguna forma u otra. Al menos, así es como se supone que funciona el sistema. El liderazgo de Mao Zedong ilustra plenamente la complejidad de las relaciones de poder entre patrón y cliente en China. Como líder incuestionable de la República Popular de China después de la liberación, se benefició de una estatura casi intocable e irreal, mediante la cual sus palabras (tomadas en un contexto u otro) podían utilizarse para conferirle una autoridad ilimitada a cierto evento (por ejemplo la Revolución cultural), y entonces a los adversarios en las luchas políticas internas se les dejaba con la tarea de adivinar el verdadero significado de las palabras de Mao, y ver quién saldría vencedor en la interpretación final.

Deng Xiaoping adoptó una postura similar en la China de los años posteriores a la liberación. Teniendo en cuenta los años que pasó en el ejército, el partido, y la burocracia chinos, sin olvidar el número de relaciones de patrón a cliente que finalmente llegaron a formarse y permitieron conectar con un líder, a pesar de renunciar a todos los cargos oficiales en la década de 1990, Deng tenía suficiente fuerza para persuadir e influir en los acontecimientos con simplemente expresar unos principios generales acerca de la dirección en la que los contrincantes políticos de nivel inferior tenían que trabajar.

Del mismo modo, entre algunas empresas estatales chinas, el presidente o el director de la empresa puede muy bien ser quien toma de forma exclusiva todas las decisiones de esa empresa, a condición de tener bien asentadas sus relaciones políticas básicas tanto como su red de tipo patrón a cliente desde hace largo tiempo. En algunos casos en China, especialmente en las zonas rurales en las que una gran empresa puede llegar a constituir la comunidad en su conjunto, el presidente de la empresa puede ser un «Tu Huang Di» (emperador local).

El presidente Teng era precisamente uno de estos «emperadores locales», dirigía una empresa química industrial de unas 1.500 personas que constituía una ciudad entera en lo que era en realidad un pequeño pueblo de la provincia de Hubei, en el centro de China. Lo que decía Teng en cuanto a las operaciones de la empresa tenía fuerza de ley.

Cuando una importante multinacional europea comenzó las negociaciones con la empresa de productos químicos para crear una empresa conjunta, fueron los lugartenientes de Teng los que se reunieron con el equipo negociador europeo para las rondas de discusiones. Las negociaciones avanzaban pesada y lentamente como una barcaza navegando por el río Yangtze, sin parecer encaminarse hacia una posible resolución en cualquiera de los puntos clave.

La falta de resolución se complicaba aún más por algunas maniobras políticas internas entre los varios lugartenientes que constituían el núcleo del equipo negociador de la parte china. Algunos de los gerentes esenciales estaban relacionados con Teng, mientras que otros habían trabajado para él más tiempo que sus compañeros. El presidente Teng, por su parte, estaba en la sede de la fábrica sentado en un sillón de cuero muy acolchado. Desde ahí, o bien daba instrucciones para las negociaciones, repasando los informes de su tropa de gerentes, o bien simplemente los manipulaba para que se enfrentaran los unos con los otros.

Al darse cuenta de que un sinfín de puntos muertos persistirían en una situación como ésta, el equipo extranjero organizó las negociaciones en una importante ciudad no lejos. Allí debían acudir todo el equipo de dirección de la parte china y todo el equipo negociador europeo compuesto de especialistas financieros y personal técnico. Cuando todo el personal de gestión de ambos lados fue convenientemente reunido para las negociaciones en el último piso de un hotel de cuatro estrellas, el director general de la parte extranjera, junto con el autor de este libro, se fue en coche todo recto por las carreteras de la provincia hasta la fábrica para reunirse con el presidente Teng en privado.

Uno tras uno, todos los problemas fueron puestos sobre la mesa, y las preocupaciones básicas de Teng fueron presentadas. Cuando se dio cuenta de que sus gerentes no le habían dado un informe completo sobre las preocupaciones de los negociadores extranjeros, Teng cogió un teléfono móvil y llamó a su director financiero en medio de las negociaciones para dar órdenes a sus tropas en cuanto a lo que debían exactamente decir y hacer.

El director general del grupo europeo se dirigió al otro lado de la provincia y regresó al hotel de cuatro estrellas al día siguiente a la hora de almorzar para una última ronda de negociaciones durante la cual los puntos principales se cerraron como lo había anticipado el propio Presidente Teng al día anterior.

Como reza el viejo refrán chino, «cuando el emperador dice 'morir', lo único a lo que se atreve el pueblo es a morir.» Por lo tanto, a veces es más fácil acertar consiguiendo que el jefe trabaje en su lugar.

ESTRATEGIA 19
Robar la leña de debajo de la caldera

Interpretación: Quitársele los recursos a su adversario antes de atacarlo; llegar a la raíz, tomar medidas radicales, y efectuar una cura permanente.

Durante la dinastía Song, Wu Zhu del reino de Jin decidió conquistar el pueblo Song. Sin embargo, el famoso mariscal Yue Fei que mandaba a los Song parecía invencible. Wu Zhu sabía que no podría derrotarlos sin primero eliminar a Yue Fei por lo que organizó el asesinato de Yue Fei gracias al contraespionaje antes de empezar los combates.

Para los empresarios occidentales, una negociación en China puede parecer una prolongada guerra de guerrillas. Esto se debe a que los chinos son conscientes de que la mayoría de los empresarios occidentales son impacientes. Estos hombres de negocios vienen a China con un horario fijo. Los hoteles y billetes de avión están reservados con antelación. Las reuniones también han sido organizadas de antemano, o al menos se lo creen, ¡hasta que se bajen del avión!

Esto fue lo que Richard H. Solomon, ex secretario de Estado adjunto a Henry Kissinger, comprendió cuando él se bajó del avión en el aeropuerto de Pekín en 1975. Llegó a negociar un comunicado de prensa. Al igual que la mayoría de los funcionarios del Departamento de Estado, llegó listo para «empezar a toda marcha» y negociar el tipo de comunicado que estaría redactado en le debida forma.

Lo primero en la agenda de Salomón ¡no era una negociación! «Nos invitaron a un día en el campo en las colinas occidentales,» recordó Solomon en años posteriores. «Kissinger se estaba volviendo loco.»

Los chinos mantuvieron a toda la delegación americana a la espera tratando de averiguar cuál era el punto siguiente en el orden del día. Los estadounidenses perdían la paciencia al esperar que las negociaciones empezaran de verdad. Salomon describió la situación así: «Los chinos estaban demorando las cosas.» Con la esperanza de que los estadounidenses se rendirían antes que tardarse más allá del plazo que se habían fijado, los chinos esperaron hasta el último minuto. «Entonces le dieron (a Kissinger) un documento inaceptable en la medianoche del último día de la visita.»

Demasiado a menudo los hombres de negocios occidentales van a China con grandes discursos y demasiada prisa para firmar un contrato, a menudo sin darse cuenta de aquello en que se meten.

Cuando los negociadores chinos sienten que su homólogos extranjeros tienen un plazo fijo, saben que han ganado la mitad de la batalla. Con simplemente dejar pasar el tiempo, los chinos suelen imponer a la parte extranjera una posición en la que tendrá que realizar la negociación a expensas suyas. Un ejemplo de tal situación fue cuando una multinacional americana inocentemente le dijo a la parte china que quería estar en plena producción en una fecha determinada. A partir de este momento, la parte china pudo imponer sencillamente sus términos. Dieron a la parte estadounidense un contrato estándar chino que no tenía nada que ver con el acuerdo que pretendía negociar. Cuando la parte extranjera cuestionó el documento, los chinos simplemente se cruzaron de brazos y casualmente explicaron que era lo que la parte extranjera tenía que firmar si quería iniciar la producción dentro del plazo de tiempo que se había impuesto. Los estadounidenses entraron en pánico y los chinos pudieron sentarse muy cómodos a la mesa de negociación.

ESTRATEGIA 20
Pescar en aguas turbias

Interpretación: Los peces se sienten perdidos y desilusionados en aguas turbias, y se convierten en presas fáciles. Crear una situación de caos y pánico de forma que el adversario no pueda pensar ni ver con claridad suficiente para reaccionar en una situación.

Durante el período de los Tres Reinos, Liu Bei se aprovechó de la situación caótica en la ciudad de Jinzhou para tomar el control de la ciudad. Más provecho todavía pudo sacar de una lucha interna dentro del campo enemigo que le permitió apoderarse de otra ciudad estratégica.

La corporación gigante de Estados Unidos AT&T ha estado más de diez años intentando salir a flote en medio de aguas turbias en China. Los problemas de la compañía comenzaron a principios de 1980, cuando China comenzó a comprar tecnología punta de conmutación digital. Mientras que China esperaba de los Estados Unidos aportes tecnológicos, AT&T no le demostraba mucho interés a China (ahora el mayor mercado de equipos de conmutación telefónica en el mundo y se espera que sea así durante los próximos treinta años) pareciéndole de poca importancia estratégica.

¡Sorpresa! Mientras que AT&T no estaba dispuesto a transferir la tecnología avanzada a China, en cambio las empresas Alcatel de Francia, Siemens de Alemania, y NEC de Japón se lanzaron al mercado para convertirse en los tres principales proveedores de equipos a China. Fueron Alcatel, Siemens y NEC quienes pescaron en las «aguas turbias» chinas.

A mediados de la década de 1980, cuando AT&T finalmente se dio cuenta de que no podía confiar solamente en el mercado estadounidense, concentró sus esfuerzos intentando abrirse al mercado chino sin emprender las investigaciones necesarias y sin conocer los hábitos telefóno de la población china. En aquel momento, acceder a un teléfono en China no era muy común y el servicio era deficiente en general. La gente a menudo tenía que hacer cola para usar teléfonos públicos, y una vez que tenía un teléfono en la mano, tenía que esperar aún más para obtener una línea libre. Por otra parte, debido a las características específicas del mercado chino, los interruptores tienen que ser diseñados de una manera particular.

AT&T, sin embargo, con su forma de pensar típicamente americana, simplemente envió a China sus propias unidades tales y como se las fabrica en sus centros de producción. El primer interruptor instalado en Wuhan fue rápidamente saturado porque se le utilizaba excesivamente y no podía satisfacer las demandas del mercado nacional. Los consumidores chinos y los usuarios del teléfono se quejaron al Ministerio de Correos y Telecomunicaciones, que a su vez se quejó a AT&T a través de la oficina de AT&T en Hong Kong. AT&T, en su intento de llevar a cabo una operación comercial en China, ni siquiera se había tomado la molestia de establecer una oficina en China, otro error estratégico. La oficina de Hong Kong no pudo solucionar los problemas, por lo que AT&T tuvo que solicitar piezas en los Estados Unidos, técnicos también, y enviar material y personas a China. Durante largos meses, AT&T trató de resolver el problema, tanto más cuanto que iba extendiéndose con el tiempo, pues los interruptores de AT&T provocaron otros problemas en otros lugares de China.

No es sorprendente si tal vez AT&T tropezó en el camino cuando Alcatel y otros competidores, que ya habían establecido oficinas con equipos sobre el terreno en China, fueron capaces de hacer frente a sus problemas internos con rapidez y eficacia. Como lo explicó una persona cercana a la compañía «AT&T pensó que podía entrar y vender conmutadores como si estuviera en Iowa.»

Personas familiarizadas con las operaciones de AT&T dicen que considera que cada venta no es sino solamente una transacción puramente comercial, mientras que los chinos, por el contrario, parecen tratar de echar los fundamentos de una relación comercial a largo plazo con cada venta. Ofendidos por la actitud de AT&T, los chinos finalmente dejaron de comprarles lo que fuera a finales de los años 1980.

Gastando gran cantidad de dinero, Randy Tobbis, el vicepresidente de AT&T, pasó dos años en la década de 1990 yendo y viniendo entre Nueva York y Pekín tratando de enderezar la situación desastrosa de AT&T. Finalmente logró firmar acuerdos preliminares con Pekín, que incluían planes para establecer empresas conjuntas para la fabricación de los interruptores digitales en China. Hoy en día finalmente, AT&T emplea a más de 400 personas en China y sigue aumentando el número de empleados, con el fin de tener los medios humanos necesarios para resolver los problemas.

ESTRATEGIA 21
Desprenderse del caparazón de la cigarra

Interpretación: Escaparse en secreto sin anunciarlo públicamente.

Crear una falsa fortaleza para disuadir al adversario de atacar, luego retirarse en secreto, dejando un nido vacío.

Lu Bu sirvió en el ejército de Yuan Shao durante el período de los Tres Reinos. Durante este tiempo, sin embargo, Yuan Shao nunca llegó a confiar totalmente en él. Más tarde, Lu Bu aceptó dejar de servir a Yuan Shao, pero éste envió a sus soldados tras él con el fin de matarlo. Conociendo la desconfianza de Yuan Shao, Lu Bu creó un títere que se parecía a una persona durmiendo en su tienda de campaña y se zafó, escapando así a la muerte.

Sun Zi defendía lo siguiente «Si eres fuerte, finge debilidad». A menudo, en China, uno no sabe con quién está hablando. Los brillantes banqueros de negocios estadounidenses y los hombres de negocios de Hong Kong que lucen costosos trajes a la última, a menudo miran de reojo a sus homólogos chinos que pueden acudir a las reuniones con ropa casual e incluso pantalones vaqueros.

La China de los años 1990 y principios de 2000 es diferente de la China de los años 1970 y 1980. Mientras que los chinos todavía pueden llegar a reuniones llevando puestos vaqueros y zapatillas, ahora tienen teléfonos móviles y coches Mercedes. Han adoptado una nueva forma de sofisticación que se puede relacionar con el hecho de que en la clasificación de las mayores economías mundiales, su país ocupa el tercer puesto. También se sitúa entre las seis principales naciones en el mundo que poseen los más altos niveles de reservas de divisas. Después de emitir bonos y ganarse una plaza en los principales mercados de valores del mundo, las empresas chinas están entrando ahora en el mercado de una manera que nunca se había previsto hace unos años.

Cuando el humo de cigarrillo impregna la atmósfera y las colillas se amontonan en los platillos de las tazas de té y café dispersadas a través de la mesa de la sala de juntas, y cuando las partes chinas y extranjeras no pueden ponerse de acuerdo sobre los temas esenciales de un acuerdo y se hace evidente que la simbiosis del yin y el yang de lo que todo el mundo pensaba que sería una negociación fructífera está a punto de desmoronarse, éste es el momento para buscar una vía indirecta hacia una solución. Esto puede ser simplemente cambiar de escenario y amenizar un poco las discusiones. Los inversionistas extranjeros suelen sorprenderse cuando de pronto se interrumpen las discusiones y se abandona la sala de negociación para ir a un restaurante o un karaoke donde las conversaciones continúan de forma más informal, en un espíritu más acorde con «unas charlas amistosas y beneficio mutuo.»

Trasladarse a otro lugar y exponer las cosas en un contexto más ligero es una estrategia esencial de la que pueden valerse ambas partes. Cuando los negociadores extranjeros consideran que las negociaciones no van a ninguna parte, es preferible ponerles fin a las discusiones y dirigirse a un lugar donde cenar y seguir con un karaoke en un hotel o club nocturno. Es más probable alcanzar algún tipo de entendimiento mutuo sobre las cuestiones que tratar de esta forma en vez de empeñarse en lidiar en la mesa de negociaciones. Conviene recordar también que los chinos negocian en grupo por lo que resulta difícil vencer la presión del equipo cuando se trata de presentar una idea. Sin embargo, el trasladar las partes a otro lugar proporciona un ambiente mucho más relajado en el que las ideas pueden ser presentadas a los individuos del otro equipo a nivel personal para tratar de influir en su pensamiento y lentamente llevarlos a considerar otra opción cuando todo el mundo regresa a la mesa de negociación.

Como lo explicó un negociador experimentado, «Cuando uno va a la mesa de negociación en China, los chinos le dirán que debe hacer ciertas concesiones, ya que China es un país pobre, subdesarrollado. Importa recordar que alguna vez Japón también alegó que era un país pobre.»

ESTRATEGIA 22
Cerrar la puerta para atrapar al ladrón

Interpretación: Para destruir completamente a un adversario débil, no dejarle ningún resquicio por donde escapar, asediarle completamente. Permitir que un adversario débil se escape es permitirle reaparecer luego.

En 260 a. de C., el reino de Qin estaba en guerra contra el reino de Zhao. Qi Bai, general del ejército de Qin, envió a un pequeño grupo de soldados para expulsar a Zhao Kuo, comandante de las fuerzas de Zhao. Cuando Zhao Kuo persiguió las fuerzas de Qin por el camino de Changbi, sus soldados cayeron en una emboscada que Bai Qi había planeado. Se quedaron aislados, no se les dejó ninguna posibilidad de aprovisionarse o de ser socorridos, por consiguiente el arrasamiento total de las fuerzas de Zhao Kuo pudo llevarse a cabo.

Negociar en el propio terreno de la parte china puede ser algo frustrante. Miembros de la dirección de la parte china pueden interrumpirse en cualquier momento para atender diversos asuntos relacionados con la gestión de su empresa, y en cualquier momento pueden dejar la sala de negociaciones para cuidar de estas cosas, y entonces a sus homólogos extranjeros no les queda más opción sino la de quedarse durante varios días en la mesa esperando a que se reanuden las conversaciones.

Por ejemplo, un equipo de negociación se encontró bloqueado en la sala de conferencias helada de una fábrica durante un invierno tratando de avanzar con el equipo de negociación chino. Todos los días se interrumpían las negociaciones en el momento de desayunar, almorzar y cenar. Las cenas siempre se convertían en sesiones masivas de ganbei con una cerveza local muy fuerte. Después de la cena, se acompañaba al equipo negociador hasta la discoteca de la fábrica y su karaoke para divertirse hasta la medianoche. El equipo negociador chino se dividía en dos grupos, la mitad acompañaba al equipo extranjero para la cena y las sesiones de alcohol y música en una discoteca con karaoke, mientras que la otra mitad se acostaba temprano en vista de las negociaciones del día siguiente. De esta manera, la parte china nunca estaba cansada y los extranjeros siempre parecían agotados.

Para recuperar el control de la situación, los negociadores extranjeros invitaron al equipo chino a Pekín, una ciudad neutral para las negociaciones. Reservaron las habitaciones de hotel para los chinos, organizaron las comidas y determinaron el horario de las sesiones de trabajo para seguir adelante con las negociaciones.

Los chinos estaban atados de manos. Mientras la parte extranjera seguía pagando la cuenta del hotel y de la comida, no tenían más remedio que permanecer en la mesa de negociación y terminar cerrando el acuerdo.

ESTRATEGIA 23
Aliarse con un estado lejano para atacar al estado vecino

Interpretación: Los adversarios que están lejos pueden ser aliados por un tiempo. No intente enfrentar a demasiados enemigos a la vez. Otro modismo apunta que una fuente de agua muy distante no sirve para apagar un incendio cercano. Primero se debe atender al peligro inmediato. Si no se puede contar con seguridad a corto plazo, no sirve pensar a largo plazo.

Durante el Período de los Reinos Combatientes, un consejero experto, Fan Sui, alentó al emperador de Qin a conquistar primero a los estados vecinos, mientras que establecía relaciones de amistad con los estados distantes. El emperador Zhao Qin siguió su consejo y le nombró primer ministro. El reino de Qin entonces derrotó al reino de Han, luego a los reinos de Zhao, Wei, Chu, Yan, y finalmente Qi, y por primera vez en la historia China estaba unificada.

A pesar de 2 000 años de fricciones en las fronteras entre China y Vietnam, durante la guerra de resistencia contra las fuerzas estadounidenses de los años 1960 y 1970, China fue un gran apoyo para el gobierno vietnamita y su ejército. Durante la década de los años 1960, Pekín acogió a altos funcionarios vietnamitas. Los expertos técnicos chinos apoyaron a los Vietcong detrás de la línea de frente y también a veces en el mismo campo de las operaciones.

Durante la larga guerra en Indochina contra los norteamericanos, desde sus bastiones en Laos, Camboya y Vietnam del Sur, los partidos comunistas de los tres países de Indochina mantuvieron relaciones tan estrechas que Ho Chi Minh habló de una proximidad tal «labios y dientes». Sin embargo, en 1979, la relación entre los tres países cambió del todo. El Vietcong liberó la ciudad de Saigón dándole el nombre de Ciudad Ho Chi Minh, Phnom Penh a su vez pasó bajo el control de los jemeres rojos, entonces el frente único de Indochina comenzó a resquebrajarse.

El Partido Comunista de Vietnam y los jemeres rojos no consiguieron ponerse de acuerdo sobre una serie de medidas de reforma económica, así como cuestiones de control territorial.

Cuando Pol Pot introdujo su política de Año Cero, complementada por una política de genocidio de vietnamitas residentes en Camboya (que más tarde se extendió a aproximadamente un millón de víctimas entre su propio pueblo), las relaciones entre Vietnam y Camboya se rompieron. Al mismo tiempo, China, consciente de que las tensiones con Vietnam se hacían cada vez mayores, tendió una mano a los jemeres rojos. La primera aparición pública de Pol Pot fuera de las selvas de Camboya fue, de hecho, en el aeropuerto internacional de Pekín, donde fue recibido por Hua Guofeng[2] en 1970.

2. Hua Guofeng, o Hua Kuo-Feng, político chino. Fue primer ministro de 1976 a 1980 y Presidente del Partido Comunista Chino de 1976 a 1981

Cuando los jemeres rojos atacaron la frontera con Vietnam en el sur en 1979, los vietnamitas contraatacaron. Al entrar en Camboya, las tropas vietnamitas descubrieron una fosa común tras otra. Cuando se dieron cuenta del desastre en el que se había convertido Camboya, marcharon hasta Phnom Penh, para derrocar a Pol Pot, cruzaron la frontera con Tailandia. China respondió atacando a Vietnam, para que «escarmienten los vietnamitas», pero no sin primero entablar relaciones amistosas con el estado jemer rojo distante.

La trágica guerra de 1979 entre China y Vietnam dejó muchos muertos en ambos lados, la nueva convergencia entre los chinos y los vietnamitas se deshizo, y China proporcionó tremendo apoyo a los jemeres rojos, que continuaban la lucha desde sus escondites en la selva a lo largo de la frontera con Tailandia.

Los propios recursos militares de Vietnam sufrieron mucha presión. No sólo el país se debatía entre dos frentes, sino que gran parte de sus recursos económicos se asignaba a la defensa. Finalmente, Vietnam tuvo que retirarse de Camboya, incapaz de seguir luchando en semejantes circunstancias. En 1992, las relaciones bilaterales se normalizaron más o menos entre China y Vietnam, y en la actualidad los dos países disfrutan de un comercio fronterizo realmente muy importante.

ESTRATEGIA 24
Conseguir un camino seguro para conquistar el reino de Guo

Interpretación : ayudar a los débiles cuando no son ninguna amenaza con el fin de ganar su apoyo. Las solas palabras no salvan a nadie. Las acciones tienen más fuerza que las palabras.

Durante el Período de Primaveras y Otoños, Jin deseaba conquistar los reinos de Guo y Yu. Xun Xi, un consejero de Jin, sugirió que se le sobornara al emperador de Yu para que éste permitiera que las fuerzas de Jin pasaran a través de su estado para ir a atacar el reino de Guo. Tan avido como tonto, Yu aceptó. Por consiguiente, el reino de Guo fue invadido, pero al regresar, las fuerzas de Jin destruyeron también el reino de Yu.

China ha adoptado tradicionalmente una política diplomática en la que se separa las relaciones de Estado a Estado de las relaciones de parte a parte.

Durante muchos años, China mantuvo relaciones diplomáticas con los gobiernos de varios países y, al mismo tiempo apoyaba a los partidos comunistas en esos países, empujando sus propias plataformas políticas, que a menudo eran diferentes de las de los propios gobiernos.

Así ocurrió en Indonesia y Malasia, donde China mantenía relaciones diplomáticas con los gobiernos correspondientes al mismo tiempo que apoyaba al partido comunista en cada lugar, partido que tenía su propia agenda en contra de los respectivos gobiernos.

En otras circunstancias, China ha defendido el Tercer Mundo y los países en desarrollo respaldando a la vez objetivos revolucionarios como de desarrollo en muchos de estos países.

Poco después de la Segunda Guerra Mundial, cuando estalló el conflicto en Corea del Norte, China decidió apoyar a Corea del Norte a pesar de que le causó enormes pérdidas. Dedicarse a ayudar a los países socialistas hermanos cuando lo necesitan se convirtió en una plataforma política importante para el gobierno chino. Mientras tanto, China obtuvo un acceso estratégico a través de este tipo de asistencia.

Del mismo modo, durante la Guerra de Vietnam, China envió una serie de asesores a Vietnam del Norte y prestaron ayuda y apoyo importantes tanto para que Vietnam del Norte se liberara de los franceses como para que Vietnam del Sur se liberara de los estadounidenses. China también proporcionó asistencia al Pathet Lao en su propia guerra de liberación y más tarde incluso a los jemeres rojos en Camboya. Al ayudar a los débiles en semejantes situaciones, China también consiguió un acceso estratégico y un mayor número de alianzas lo que le permitió aumentar su influencia en las regiones a sus alrededores.

ESTRATEGIA 25
Reemplazar las vigas y los pilares con madera podrida

Interpretación : Sabotear, incapacitar o destruir a su adversario eliminando las bases que lo sostienen.

Durante la dinastía Song, en la época del emperador Zheng Zong, a la emperatriz la molestaba que una de las cortesanas del emperador estuviera embarazada mientras ella no lo estaba. Se preocupaba porque si la cortesana diera a luz a un niño varón, podría amenazar su posición como emperatriz. Ideó un plan : fingiría estar embarazada poniéndose una almohada debajo de su vestido. Cuando la cortesana finalmente dio a luz a un niño, la emperatriz le pidió a una de sus criadas de confianza que robara al niño a escondidas y le sustituyera por un gato.

Los británicos son maestros en el arte de aplicar esta estrategia a las colonias que están a punto de abandonar. En la India, Fidji, Malasia y Singapur, drenaron los recursos financieros del país, y cambiaron la composición étnica de la población local mediante la incorporación de mano de obra extranjera. Ésta fue la herencia colonial.

En Hong Kong, durante las negociaciones que tuvieron lugar en el período previo a 1997, la situación no era muy diferente. Se podía ver claramente cómo iba tomando forma el modelo establecido de salida colonial.

Al tener una perspectiva clara de la historia colonial de sus vecinos, esto era exactamente lo que los chinos temían, o sea que los colonialistas británicos sustituyeran los «pilares» del Gobierno de Hong Kong por «madera podrida» antes de devolver el territorio a China. Lo que parecía ser de mayor interés para el gobierno británico en sus negociaciones con China era la construcción de un enorme aeropuerto. Designado para ser situado en una isla en el medio del mar, lejos de todo lo demás en Hong Kong. Se requerían grandes inversiones de infraestructura para construir todos los enlaces por carretera y ferrocarril hasta el aeropuerto. Los chinos lo vieron como una forma de desviar dinero. Pensaban que la necesidad de tal aeropuerto era cuestionable puesto que ya existían aeropuertos internacionales en Macao, Shenzhen, Zhuhai, Cantón, por no hablar de las instalaciones existentes en Hong Kong.

Sin embargo, los británicos insistieron en seguir adelante con el proyecto. Algunos sugirieron que la intención era utilizar la mayor parte de las reservas de divisas que quedaban en Hong Kong para distribuir los contratos a las empresas constructoras británicas con licitación para el proyecto.

Del mismo modo, los británicos lucharon por un gobierno «ya en el tren». Esto significaba que los mandatos de los miembros de la Asamblea legislativa anteriores al traspaso se extenderían hasta 1997. La preocupación de China era que iba a heredar más «madera podrida» en la carpintería del Gobierno de Hong Kong. Hasta cierto punto, esto fue lo que sucedió.

ESTRATEGIA 26
Señalar la morera y maldecir el algarrobo

Interpretación: Valerse de un tema como pretexto para expresar objeciones propias.

Durante el régimen del emperador Xianzong de la dinastía Ming, había un eunuco malvado llamado Wang Zhi. Tenía la confianza del emperador. Había adquirido muchísimo poder, y por eso era un adversario muy peligroso.

Un día, un actor de la corte imperial llamado A Chou ofreció una actuación ante el tribunal en la que interpretó a un borracho. En este papel, él era muy libre con sus comentarios. Como parte del argumento de la representación, otro actor de repente le advirtió que dejara de cantar y actuar pues un mandarín de alto rango se acercaba a la zona de actuación. A Chou respondió: «—No me da miedo un mandarín de alto rango,» y siguió bailando y haciendo chistes. A continuación, oyó una advertencia de que el propio emperador se acercaba. Continuó haciendo chistes e indicó que no tenía miedo ni del emperador. A continuación, fue advertido de que el eunuco Wang Zhi se aproximaba. A Chou cayó repentinamente de rodillas diciendo: «—¡La pena de muerte será mi postre! ¡La pena de muerte será mi postre! No me da miedo el emperador, pero el eunuco Wang Zhi sí que me da miedo».

Al expresar que temía más al eunuco que al emperador, indirectamente, A Chou dejaba claro para todos que Wang Zhi era un hombre peligroso y que hasta el emperador debería tener cuidado. De una manera sutil, criticaba al emperador por su insensatez al no saber distinguir entre los subordinados fieles y los malvados.

El uso de esta estrategia (señalar la morera y maldecir el algarrobo) significa pedir que te presten algo o utilizarlo para conseguir algo más.

Buen ejemplo de esta estrategia se dio en una disputa comercial entre los Estados Unidos y China.

«Señalar la morera y maldecir el algarrobo» es un antiguo proverbio chino, pero es uno que los negociadores comerciales del gobierno de Estados Unidos conocen bien. Traducido a un lenguaje no tan oblicuo, se podría decir, «Apuntar al déficit comercial de los Estados Unidos y maldecir el sistema de divisas chino y el fracaso de China para proteger los derechos de propiedad intelectual.»

A falta de mejores herramientas para negociar la reducción de su déficit comercial con China, los Estados Unidos siguieron adelante con su campaña negativa. Entonces, el subsecretario del Tesoro, Lawrence Summers, acusó a China de manipular su sistema de divisas para evitar un equilibrio eficaz de ajuste de los pagos. Amenazó con impedir la entrada de China en la OMC si la situación no se corrigiera.

ESTRATEGIA 27
Hacerse el tonto sin dejar de ser listo

Interpretación: Dejar que su adversario subestime sus capacidades.

Durante el período de los Tres Reinos, Sima Yi se hizo el tonto para que Cao Shuang pensara que era débil, enfermizo e inútil. Entonces aprovechó la oportunidad para tomarle a Cao Shuang por sorpresa y matarle, lo que le permitió hacerse con el mando.

El peor error que se pueda hacer en una situación de negociación en China es subestimar a la oposición. Cuando entran en la sala de negociaciones, los negociadores occidentales que llegan a China con sus trajes de negocios elegantes y tirantes de marca a menudo miran con desprecio a sus homólogos con pantalones vaqueros y zapatillas, que fuman interminables rondas de cigarrillos.

Mientras que la parte china puede no parecer tan elegante como sus homólogos occidentales extranjeros, pueden saber mucho más sobre el oeste de lo que los occidentales con quienes están tratando saben o incluso pueden imaginar sobre China.

Al final de los años 1970, China había terminado con la Revolución Cultural, y al empezar los años 1980 entraba en una nueva era de crecimiento económico. En aquel entonces, las importaciones occidentales eran una novedad, y a los occidentales le resultaba fácil impresionar a sus homólogos simplemente por ser occidentales.

En 1988, una delegación de empresarios de Hong Kong visitó Shanghái y para su sorpresa comprobaron que el alcalde había llegado a la reunión con un par de botas de montaña (probablemente que recién llegaba de inspectar algunas instalaciones). Los hombres de negocios de Hong Kong, con sus impresionantes relojes Rolex y otros accesorios occidentales, se rieron disimuladamente, susurrando imitando un acento británico, «¡Qué barbaridad! Mire cómo el alcalde está vestido. ¡Una barbaridad!» Ellos no caían en la cuenta de que Zhu Rongji, entonces alcalde, se convertiría en vice primer ministro sólo cinco años más tarde. El «zar de las finanzas» chinas pasaría a implementar algunas de las reformas financieras más progresistas que el país hubiera visto nunca.

Si bien los administradores extranjeros llegan a China aportando técnicas operativas y capacidades analíticas, a menudo enfrentan un muro al entrar en el mercado chino por no ser capaces de entender los trucos de distribución y venta, que sus homólogos chinos han desarrollado con tanto éxito con el fin de superar el proteccionismo interprovincial y un mercado en el que las relaciones comerciales son muy importantes a la hora de abrirse un camino en el mercado nacional.

A pesar de que los hombres de negocios occidentales pueden presentar estadísticas deslumbrantes establecidas con calculadoras de lujo, lo más probable es que sean predicciones poco realistas sobre los volúmenes de ventas y los beneficios que no se pueden conseguir en el mercado de China sin adoptar el tipo de técnicas de «puerta trasera» que los chinos han desarrollado tal un principio de supervivencia (por ejemplo el uso de materias primas y bienes subvencionados por el Estado para rebajar los precios de mercado).

ESTRATEGIA 28
Retirar la escalera después de haber subido

Interpretación : Atraer a un adversario en una trampa, y luego vencerle.

Esta estrategia viene del período de los Tres Reinos, cuando un joven señor de la guerra estaba comprometido en una disputa familiar y buscó los consejos del maestro de estrategia Zhuge Liang. Aunque Zhuge Liang acudió a visitarle cuando se le convocó, fue de mala gana ya que no deseaba para nada involucrarse en una disputa familiar.

El señor de la guerra muy astuto le invitó a Zhuge Liang a subir a la planta alta para ver la colección de libros raros y clásicos que tenía en su biblioteca. Zhuge Liang cumplió y luego se dio cuenta de que la escalera había sido quitada después de ascender a la biblioteca. Había sido burlado. Sin salida, aceptó asesorar al joven señor de la guerra.

Mao Zedong adoptó la estrategia de «atraer al enemigo hacia la oscuridad» para esquivar su fuerza principal y atacarle en sus puntos débiles.

Mao Zedong empleó esta estrategia muchísimas veces para atraer a las tropas de Chang Kai-shek profundamente hasta las «bases rojas», y capturarlas cuando avanzando «todo recto» alcanzaban zonas profundas en la sierra. Mao Zedong describió esta estrategia, citando una escena de la novela de la literatura clásica china A la orilla del agua. Él escribió:

«Todos sabemos que cuando dos boxeadores luchan, el boxeador inteligente por lo general empieza despacio en un primer momento, mientras que el tonto se abalanza furiosamente sobre su adversario y gasta sus recursos ya desde el principio, y al final él es a menudo vencido por el hombre que había empezado perdiendo terreno. En la novela A la orilla del agua, el maestro instructor Hang, le reta a Lin Chong a luchar en las tierras de Chai Jin y grita « — ¡Vamos! ¡Vamos ya!» Al final, es Lin Chong, quien en un primer momento estaba retirándose, el que acaba por localizar el punto débil de su adversario y le echa al suelo de un solo golpe».

Eso es lo que le sucedió a un empleado de Jardine Matheson Holdings Ltda., que fue a Xiangfan en el medio del invierno para finalizar las discusiones del contrato para la compra de rodamientos de bolas. Le sorprendió el gerente de la fábrica al alzar el precio.

Sus esfuerzos en el regateo fueron vanos. Como el empleado de Jardine Matheson lo recordó más tarde,

«— Hacía tremendo frío, y la casa de huéspedes en la fábrica no tenía agua caliente ni ducha. Yo llevaba guantes en el comedor».

Cuando le pareció evidente al empleado de Jardine Matheson que seguir negociando no daría ningún resultado, decidió irse de la ciudad. Por lo menos pensó que podría salir de la ciudad. Pero se llevó una sorpresa. Los funcionarios de la fábrica le dijeron al empleado de Jardine Matheson, «— Lo sentimos, no podemos ayudarle a sacar un billete de tren.» Entonces el empleado decidió irse en transporte a la estación de ferrocarril para ver si tendría más suerte para comprar su billete allí. «— Lo sentimos,» — explicaron los responsables de la fábrica —. Nuestro servicio de autobús está ocupado con otros asuntos.» El empleado no tuvo más remedio que quedarse. El servicio de autobús permaneció «ocupado» algunos días más, con la esperanza de que el empleado estuviera de acuerdo con las nuevas condiciones de precios. No fue el caso. Así que un día, la fábrica china envió el autobús para llevar al hombre de Jardine congelado a la estación de tren para irse.

ESTRATEGIA 29
Adornar los árboles con flores falsas

Interpretación: Exagerar con el fin de engañar a su adversario, haciéndole creer que uno es muy fuerte.

El emperador Yangdi de la dinastía Sui construyó el Gran Canal con el fin de fortalecer la economía china. Al mismo tiempo, fue más allá para impresionar a los visitantes extranjeros: les exigió a los restaurantes que no les cobraran las comidas a los visitantes y les dijeran que «China era tan rica que la gente no tenía que pagar por la comida.» En invierno, dispuso que los árboles desnudos alrededor de la capital en Luoyang fueran decorados con flores de seda. Al salir de Luoyang, los viajeros podían ver la dura realidad del campo, y darse cuenta de que las flores de seda eran sólo para impresionar.

Cuando los turistas llegan a China, a menudo son recibidos por una nube de niños de preescolar que agitan banderitas y cantan canciones de bienvenida. Cuando llegan los inversionistas extranjeros, se les toma de visita a fábricas y se les enseña equipos de producción bien organizados y manifestaciones bien orquestadas de apoyo del gobierno a la fábrica. A menudo, esto incluye la actuación de los líderes de los gobiernos locales que alaban a la empresa y dan a conocer el trato preferencial del que podrán disfrutar los extranjeros al invertir en ella.

Los chinos son maestros en el arte de organizar un espectáculo. Cuando un jefe de Estado visita China, las calles están bien limpiadas previamente y la muchedumbre se moviliza para aclamar el desfile. Se garantiza este tratamiento para dejar una impresión profunda y duradera.

Cuando el Presidente de la Junta de una multinacional extranjera viene a China, a menudo goza de un tratamiento VIP en el aeropuerto de Pekín. Él es acogido con un Mercedes Benz, y una escolta de policía lo lleva al cavernoso Gran Salón del Pueblo adornado con alfombras rojas deslumbrantes y algunas de las piezas más extravagantes y caras del arte chino. Esto, sin embargo, está muy lejos de la realidad de la gestión de los trabajadores estatales en la planta de una fábrica, en la que el director general de la compañía puede estar a punto de invertir. Como un representante de la empresa extranjera comentó: «—Lo último que queremos es que el director general vaya a China en un viaje relámpago, se deje deslumbrar por el tratamiento, haga promesas, y nos deje negociar los detalles.»

ESTRATEGIA 30
Hacer que el anfitrión y el invitado intercambien sus sitios

Interpretación: intercambiar su lugar o posición, y revertir la situación.

Cuando Liu Bang y Xiang Yu condujeron con éxito una rebelión contra el emperador de Qin, Liu Bang entró el primero en el palacio imperial, dejando que Xiang Yu (que poseía la mayor fuerza de los dos) llevara a cabo las operaciones necesarias para terminar de poner orden en las provincias. Como Liu Bang estaba a punto de establecerse para pasar su primera noche en el palacio con la comitiva de concubinas del emperador derribado, un asesor le recordó que Xiang Yu sería el verdadero «anfitrión» cuando regresara y que Liu Bang era sólo un «invitado» puesto que Xiang Yu tenía un ejército casi cuatro veces más numeroso que Liu bang.

Liu Bang, siguiendo el consejo, decidió abandonar el palacio. Cuando Xiang Yu volvió y se instaló en el palacio, se dejó embelesar por las concubinas y embrutecer por los placeres del palacio. Mientras tanto, Liu Bang estaba adquiriendo más fuerzas, y cuando adquirió suficiente regresó para desalojar a Xiang Yu. (Xiang Yu y su cortesana favorita murieron degollados como estaban huyendo.)

Ocupar la posición de anfitrión después de haber sido invitado es un clásico de la estrategia para revertir las posiciones y salvar la situación.

Cansado de tener que brindar con los funcionarios en una serie de banquetes que parecían el cuento de nunca acabar, Karl Heinz Ege, un representante alemán que llevaba cuatro años viviendo en China, decidió llevar una botella de aguardiente alemana a los banquetes. Cuando la situación se le escaparía de las manos de tantos ganbei y tantas rondas de Maotai como tuviera que superar, Ege sacaría la botella de aguardiente de una bolsa de papel que guardaba bajo la mesa y comenzaría a llenar los vasos de sus anfitriones, insistiendo en que ellos probaran «Maotai alemán». Los funcionarios fruncieron el ceño e hicieron una mueca al tragar dificultosamente el aguardiente. Los rostros primero se enrojecieron y luego palidecieron. El ritual de brindar se convirtió en un moderado intercambio de cortesías.

El ejemplo más clásico de convertirse en el anfitrión después de haber sido el invitado aconteció cuando una empresa europea, tratando de obtener el apoyo del gobierno provincial, decidió llevar a cabo una misión de presión para encontrarse con el gobernador de la provincia. El director gerente de la empresa europea, sin embargo, insistió cerca de su personal en que «—Ésta iba a ser una reunión seria» y que «no sería que participaran en ningún banquete ni que fueran a beber con los funcionarios chinos», e «importaba ser serios y hacerles saber que eran serios sobre los temas planteados».

Cuando los gerentes de la planta arreglaban la llegada de su jefe para las reuniones, la Oficina de Asuntos Exteriores del gobierno provincial (confiando en que la parte extranjera organizaría la cena) preguntó: «—Para la cena a la que usted va a invitar al gobernador, ¿desea reservar el restaurante o deberíamos reservarlo para usted?» El personal, demasiado avergonzado para explicar la opinión de su jefe sobre el tema, simplemente dejó que el gobierno provincial se encargara de los arreglos. Cuando el director general de la compañía europea llegó a reunirse con el gobernador de la provincia para «discusiones formales y serias», la reunión duró apenas quince minutos. El gobernador simplemente dijo: «—Puede contar con mi apoyo para su proyecto, ahora vamos a cenar y beber.»

El director general de la compañía europea luego descubrió que él era el anfitrión de la cena para numerosos funcionarios del gobierno provincial que consumieron varias botellas de XO y exóticas (y caras) garras de oso a expensas de su empresa extranjera. Es más, la parte extranjera descubrió que el gobierno provincial le había deparado otra sorpresa: le tocaba pagar la factura del alquiler de la sala de reuniones en la que se había desarrollado su encuentro con el gobernador.

ESTRATEGIA 31
Utilizar a una mujer para tender una trampa a un hombre

Interpretación: Procurar que su adversario se dedique a actividades que le absorben mucha energía y le tomen mucho tiempo, disminuyendo así su espíritu para luchar.

Durante la dinastía Han oriental, el primer ministro, Dong Zhuo, era un tirano depravado, gobernaba desempeñando la regencia mientras el emperador era un niño. Un funcionario de la corte, Wang Yun, pensó en una manera de derrotar a Dong Zhuo.

Wang Yun colaboró con su hermosa hija en la conspiración. Wang prometió a su hija a la vez a Dong Zhuo y a Lu Bu, su leal comandante general de las fuerzas armadas. La hija utilizó sus encantos hacia ambos hombres. Dong Zhuo, como primer ministro, ordenó a Lu Bu que no se acercara a la muchacha. Lu Bu, como comandante de las fuerzas armadas, mató a Dong Zhuo. La hija de Wang se quedó sonriendo.

Éste es el truco más viejo del libro. A los chinos les encanta enviar a mujeres jóvenes y atractivas como traductoras a las reuniones con los ejecutivos de mediana edad (y mayores). Esto hace que los ejecutivos hablen. Las traductoras sólo necesitan escuchar.

Esto también es una estrategia fácil de adoptar por la parte china si quiere deshacerse del gerente extranjero de una empresa conjunta pero es demasiado educada para expresar sus opiniones abiertamente en una reunión de la junta. Los gerentes extranjeros que están solos en China desde hace mucho tiempo son propensos a la debilidad. Son una víctima fácil, y una presa más fácil aún para la policía.

Si la policía encuentra a un extranjero con una prostituta, estampillará la palabra «prostituta» en cada página del pasaporte e ignominiosamente le expulsará mandándole al aeropuerto más cercano. Un ejecutivo australiano estaba tan orgulloso de haber sido detenido en China por un «delito sexual» que había puesto su pasaporte con el sello rojo en un cuadro.

ESTRATEGIA 32
Abrir de par en par las puertas de la ciudad vacía

Interpretación : Generar dudas en el campo del adversario mediante la presentación de algo que es muy simple. Dejar que su adversario sobreestime sus capacidades.

Durante el período de los Tres Reinos, el ilustre hombre de estado y estratega Zhuge Liang, al ver su ciudad fortificada rodeada por un gran número de tropas enemigas hostiles, utilizó esta estrategia : abrió de par en par las puertas de la ciudad sitiada y les dejó ver a las fuerzas enemigas las calles vacías por dentro. Desarmado al ver sólo barrenderos quitando el polvo cerca de la puerta abierta y temiendo una trampa, el enemigo se retiró inmediatamente y renunció a su plan para sitiar la ciudad.

Visitas de fábricas ejemplares y expresiones tales como «anda todo bien» o «no hay ningún problema», suelen ahuyentar a los inversionistas antes que atraerlos.

Los empresarios occidentales a menudo se abren paso difícilmente a través de las negociaciones sin darse cuenta de que aunque la parte china parezca asentir con la cabeza en el otro lado de la mesa, en realidad puede no haber aceptado ninguna de las condiciones o términos que los extranjeros dan por negociados a medida que avanzan a través de su contrato. Fijándose en los movimientos de cabeza, ellos suponen que han conseguido el acuerdo de la otra parte.

Como se mencionó anteriormente, en la Parte II de este libro, «sí» en China puede ser una interpretación amplia para una serie de respuestas de la parte china. Se puede, de hecho, realmente significar «Sí, voy a pensar en ello» o, aún mejor, «Parece bien.» (Consulte la Parte II: El arte de decir «Sí» para obtener una lista de posibles respuestas positivas dadas por los chinos durante una negociación.)

Tomemos, por ejemplo, unos negociadores extranjeros que, procurando cerrar un acuerdo de transferencia tecnológica, se pasaron toda la noche en un banquete con el gobernador de la ciudad y la parte china. Estaban tan convencidos de que habían obtenido un acuerdo que regresaron a Pekín para pedirles a sus abogados que redactaran los contratos por que «el gobernador ha inclinado la cabeza durante toda la cena. Por lo tanto, será que apoya nuestros proyectos.» El presidente de la fábrica china había comentado después que «todo estaba bien y que no había ningún problema.» En realidad, esto sólo significa que «si se considera la situación actual, todo parece bien y no debería de haber ningún problema.» Pero conforme va transcurriendo el tiempo, puede surgir una gran cantidad de (nuevos) problemas, por lo que los términos y condiciones acordados anteriormente tendrán que ser discutidos otra vez (y una vez más) en su debido momento. (Se ruega fijarse bien en el «pero» después del «Sí.»)

ESTRATEGIA 33
Dejar que el espía enemigo siembre la discordia en su propio campo

Interpretación : Propagar información incorrecta. Sembrar la desconfianza o la discordia entre los enemigos a través del contraespionaje.

Durante el período de los Tres Reinos, Zhou Yu utilizó el espía de Cao Cao para darle información errónea. A consecuencias de ello, Cao Cao mató a sus propios talentosos comandantes de la marina. Esto le dejó a Cao Cao sin nadie capacitado para comandar su flota de barcos, lo que pronto se acabó con un desastre.

Sun Tzu aconsejaba manipular a los agentes del enemigo para servir sus propios objetivos.

Es uno de los juegos favoritos tanto de los inversionistas extranjeros que a menudo dicen tonterías deliberadamente cuando utilizan teléfonos intervenidos como de sus homólogos chinos que revelan falsas intenciones a través de traductoras atractivas luciendo ropa importada a la última.

Un hombre de negocios extranjero que llegó a China con ideas preconcebidas sobre espionaje comercial china estaba convencido de que el hotel soviético de los años 1950 en el que se hospedaba tenía un micrófono oculto en algún lugar en el cuarto. Él literalmente devastó su habitación de hotel en busca del aparato, pues estaba convencido de que debía de estar escondido en alguna parte.

En el último momento, halló una placa de metal redonda con tres tornillos de fijación al suelo debajo de la gran alfombra china que ocupaba la mayor parte del suelo de la habitación. ¡Éste debe ser el micrófono, pensó! Rápidamente sacó una moneda de su bolsillo y desenroscó el primer tornillo. A continuación, desenroscó el segundo tornillo. Le hacía mucha ilusión pensar que finalmente iba a descubrir y sacar a la luz el micrófono clavado en su habitación cuando él comenzó a desenroscar el tercero pero al fin y al cabo su expectación se hizo añicos de forma trivial al oír como rebotaba por el suelo la antigua araña de estilo soviético en la habitación de abajo.

ESTRATEGIA 34
Hacerse daño a sí mismo para ganarse la confianza del enemigo

Interpretación: Aceptar una pérdida con el fin de ganar confianza. Infligirse una lesión para ganar confianza.

Durante el período de Primaveras y Otoños, el rey de Zheng, en una estrategia diseñada para erosionar la confianza de su enemigo, el rey de Hu, le dio a su hija favorita en matrimonio. Luego, con el fin de mostrar su buena voluntad, hizo ejecutar a uno de sus propios asesores que había abogado por atacar el reino de Hu. Viendo todo esto, el rey de Hu confió en que su frontera con el reino de Zheng estaría a salvo de cualquier intento de invasión. En ese momento, Zheng lanzó un ataque sorpresa contra Hu y conquistó su reino.

Un asesino que intentó matar al primer emperador, Qin Shi Huangdi, cortó la cabeza de su mejor amigo (que estaba en «lista de buscados» del emperador) a fin de obtener una audiencia con el propio emperador.

Los inversionistas extranjeros a menudo se dejan impresionar por los gastos que consienten sus anfitriones chinos con este objetivo de impresionar, invitando a banquetes, organizando viajes a los sitios turísticos locales, y haciendo regalos. «—Por supuesto que confiamos en nuestros anfitriones... si pagaron por todo,» —dice el inversionista ingenuo. ¡Cuidado!

Muchos chinos de ultramar que regresan a China primero vuelven como portadores de regalos antes de pedir algo a cambio. A menudo donan parte del dinero que han ganado en el extranjero para la construcción de escuelas, carreteras y hospitales en las comunidades de las que procedían sus padres o abuelos.

Aunque a primera vista esto se puede percibir como un acto de buena voluntad y benevolencia, en realidad es un movimiento estratégico astuto. Estos chinos de ultramar, al hacer donaciones a la comunidad de origen de sus antepasados, no sólo están fomentando buenas relaciones con los funcionarios responsables hoy, sino que también están creando un sutil tipo de obligación a raíz de la cual les será difícil a estos funcionarios negarse a apoyar cualquier proyecto de inversión que pueda serles presentado más tarde. De esta manera, el dinero que se perdió en donaciones y regalos, se recupera más tarde, cuando se necesite que se haga algo.

ESTRATEGIA 35
Encadenar juntos los buques enemigos

Interpretación : Convertir la fuerza del adversario en debilidad. Darle esperanzas falsas hasta que se caiga por orgullo. Ahora también significa : diseñar un conjunto de estratagemas enlazadas que conducen a la derrota de su adversario.

Esta estrategia viene del período de los Tres Reinos, cuando el general Cao Cao se dejó convencer por engaño de encadenar sus barcos juntos antes de transportar tropas a través de un río tumultuoso. Confió en la afirmación de que esto permitiría que los barcos fueran más estables. Cao Cao terminó descubriendo muy a pesar suyo que era un plan que el enemigo había preparado, para que cuando incendiaría los barcos, se quemarían como uno solo, ya que estaban atados los unos a los otros con cadenas de hierro.

Al hacer negocios en China, no «encadene sus barcos juntos». Además, no ate sus propias manos, o no deje que la sede social de su empresa los deje atados de pies y manos.

Este error lo cometió una multinacional cuando envió a un gerente de Taiwán a China para negociar un acuerdo basándose en la suposición de que como hablaba mandarín, tendría algún conocimiento de cómo hacer negocios con los chinos en China. La sede social de la empresa estaba segura de su elección. ¡Sorpresa!

El gerente taiwanés, preocupado por protegerse por si algo sucediera, fue agresivo desde el principio, y básicamente se portó de esta forma insistente que puede ser adecuada cuando se maneja un coche en la hora punta en Taipei, pero que es una receta para un desastre en una mesa de negociación en China.

El primer error del taiwanés al empezar las negociaciones fue exigir todo tipo de control sobre la gestión china. Ésta no era una buena idea, ya que los gestores chinos eran precisamente los que estaban negociando con él. Sin embargo, la sede social de la empresa estaba a favor de este tipo de enfoque duro, e insistió en mantener esta línea de ataque.

El segundo error fue presentar a los dirigentes chinos un contrato redactado de forma tan estricta que incluso si fueran estúpidos, no les cabría ninguna duda de que esta empresa conjunta iba a erosionar la base de su poder. En la sede corporativa les gustaba este tipo de contrato, ya que abogados estadounidenses lo habían redactado. Insistieron en que no se hicieran cambios en la mesa de negociación sin el visto bueno de los abogados «de vuelta a casa».

El tercer error de la compañía fue cuando el representante se presentó en China pensando que iba realmente a conseguir que la parte china firmara el contrato y aceptara los términos que conllevaran tal nivel de enajenación. Todos en la sede de la empresa ponían los ojos en el gestor taiwanés pues esperaban de él con mucha ansia que cerrara el trato lo cuanto antes, supuestamente antes del final del año para que quede perfecto el presupuesto anual. Las vacaciones de Navidad se acercaban. Todo el mundo estaba esperando el resultado. Las esperanzas acerca del acuerdo y las decisiones tomadas por la empresa tenían inextricables vínculos.

«Clic» es el sonido que se oye cuando se escupe una porción de tabaco masticado en una escupidera de aluminio. Cuando el gerente taiwanés oyó este ruido debería haberse dado cuenta de que iba a ser una larga negociación.

ESTRATEGIA 36
Retirarse

Interpretación : No colaborar. No participar ni jugar al juego que el adversario quiere que juegue.

Durante el período de Primaveras y Otoños, el rey de Yue conquistó el reino de Wu. Dos hombres habían estado al lado del rey contribuyendo a su causa : Fan Li y Wen Zhong. Fan Li decidió retirarse de la política y entrar en el mundo de los negocios. Si bien Wen Zhong permaneció fiel al rey de Yue, más tarde, sin embargo, el rey de Yue lo mandó asesinar porque tenía miedo de que pudiera convertirse en enemigo algún día. La moraleja de la historia es : quien huye hoy sobrevive para hacer negocios otro día.

Como dijo Mao Zedong, «Si puedes ganar la batalla, lucha ; si no, retírate». Así mismo recordó un comerciante de China : «Cuando los chinos quieren firmar un contrato con prisa, siempre dicen que otros están en la fila de espera de las negociaciones para cerrar un trato con ellos, pero 'por tener una buena relación con usted, tendrá la prioridad'.

Cuando me lo dijeron en Shanghái, y me mostraron los términos, todo lo que pude decir fue, si tiene otra persona que es realmente dispuesta a aceptar estos precios, como un 'amigo' todo lo que puedo decir es que es mejor que se dispongan para firmar lo antes posible. Desde luego, no puedo aceptar estos términos y no conozco a nadie más que lo hiciera. Ellos sólo se quedaron pasmados.»

Un abogado permaneció encerrado tres semanas para negociaciones en Pekín. Su chófer (al que le gustaba llevarlo a las reuniones porque a menudo se le ofrecía cigarrillos) estaba muy frustrado porque el abogado pasó tres semanas sin salir para asistir a las reuniones, encerrado. Por último, el conductor dejó un recado a la secretaria del abogado en su oficina de Pekín: «Diga a sus clientes que si no pueden ganar dinero en China, pues ¡que se regresen a casa!»

【GLOSARIO】

Los términos siguientes son términos útiles que pueden surgir durante sus negociaciones en China y en las páginas de este libro.

Baole

Sensación, literalmente significa «Estoy lleno», se pronuncia en varias etapas de incomodidad durante un banquete cuando uno está consumiendo comidas realizadas a partir de una «colección de animales», entre los cuales patos, serpientes, palomas, tortugas, orejas de mar, y casi cualquier otro que uno podría recordar de una visita al zoológico cuando niño.

Conectarse

Palabra popular entre los yuppies diplomados de escuelas de gestión de empresas que en China significa sentarse en un bar de karaoke hasta las 2 de la noche ganbeiyendo con una copa de XO tras otra con sus homólogos chinos.

Cao Cao

Héroe del período de los Tres Reinos. «Cuando menos te lo esperas, él está allí.»

Cortesana

Dama en la corte del emperador durante los períodos de los Tres Reinos y de los Reinos Combatientes. Una persona que usa un montón de maquillaje y está dotada de buscapersonas y móvil. Una persona que llama a la puerta de su habitación de hotel a las 2:30 de la noche cuando acaba de regresar de una sesión de conexión exitosa y está a punto de comenzar el síndrome de posconexión.

Negociación amistosa

Estado de euforia que a menudo no es tan amigable como a uno le gustaría creer.

Ganbei

Acción que mejor se define con la expresión «bocabajo». Se lleva a cabo después de un largo brindis lleno de alabanzas después del cual todos los invitados enseñan su vaso vacío demostrando así que todo el licor se ha bebido, lo cual se entiende como una expresión de amistad y tolerancia.

Consígame un billete para Hong Kong

Expresión que conviene aprender cómo se dice en chino.

Maotai

Vino de arroz blanco muy fuerte que se guarda en botellas de piedra, ya que corroe el cristal. Licor favorito utilizado para brindar en los banquetes chinos.

Entendimiento mutuo

Sensación de incredulidad de si se puede creer. Algo así como el nirvana, que rara vez se alcanza.

Síndrome post-conexión

Vomitar toda la XO y comida exótica sobre la cama de su habitación de hotel a las 3 de la noche después de una exitosa sesión de conexión.

Planificación estratégica

Para los negociadores occidentales, esto implica una compleja coordinación entre los distintos departamentos de la empresa y el análisis de los resultados de varios estudios detallados del mercado chino llevado a cabo por grupos internacionales de consultoría de primera línea, culmina con sesiones informativas estratégicas antes y después de las negociaciones. Para los negociadores chinos, significa ¡aplicar cualquiera de las 36 estrategias que se describen en la Parte III de este libro!

Sun Zi

Literalmente significa «Maestro Sun», gurú de la estrategia. Un maestro militar y filósofo chino que vivió hace 2 000 años. El nombre más popular que se pueda utilizar en el título de un libro de texto sobre administración de empresas.

Tres Reinos

Novela que en realidad es más la historia de tres reinos (Wei, Wu y Shu), que lucharon entre sí hace un poco menos de 2 000 años y que se ha convertido en la base de muchas estrategias contenidas en este libro.

Reinos Combatientes

Período de la historia china cuando todo el mundo luchaba contra todos los demás. No debe confundirse con la reunión de la junta directiva de su empresa conjunta.

XO

Coñac semi-dulce, del que se supone que es «extra viejo», por eso se le denominó «XO». Licor favorito utilizado para brindar en los bares de karaoke. Es necesario comprar XO en la tienda Duty Free antes de entrar en China en un viaje de negociación.

【APENDICES】

APÉNDICE I

Cronología de las dinastías chinas

Xia (Siglos XXI a XVI a. de C.)

La legendaria primera dinastía de China. No está claro lo que sucedió entonces, pero la gente cree que el I Ching se desarrolló durante este período.

Shang (Siglos XVI a XI a. de C.)

Un período próspero, famoso por el trabajo del bronce y las cerámicas.

Zhou occidental (Siglos XI–año 770 a. de C.)

La cultura china comenzó a desarrollarse durante este período. Los registros escritos permanecen intactos. El derecho, la educación y la ética alcanzan nuevos niveles.

Zhou oriental (770–256 a. de C.)

Sustituye la dinastía Zhou occidental y los registros escritos. La educación y la ética se mueven desde el oeste de China hasta el este de China. Al final, todo se derrumba y comienza el período de Primaveras y Otoños.

Período de Primaveras y Otoños (722–481 a. de C.)

No debe confundirse con los festivales de primavera o de otoño en China.

Período de los Reinos Combatientes (403–221 a. de C.)

China estaba dividida en muchos pequeños reinos que lucharon entre sí. La mayoría de las historias contenidas en este libro proceden de este período.

Qin (221–206 a. de C.)

El primer emperador de China unificó el país al derrotar a todos los estados que luchaban entre sí durante el Período de los Reinos Combatientes. Lo consiguió adoptando muchas de las estrategias mencionadas en este libro. Él hizo construir la Gran Muralla para impedir que los forasteros pudieran enterarse de ellas y usarlas en su contra. Fue enterrado en medio de una réplica completa de su ejército de cerámica, conocida como los «Guerreros de terracota», demostración de su destreza y aprovechamiento acertado de las estrategias contenidas en este libro. Por lo demás, es un famoso sitio turístico en la China contemporánea que favorece la llegada al país de una gran cantidad de divisas.

Han occidental (206 a. de C. –9 d. de C.)

Después de la muerte del primer emperador, nadie pudo seguir por el mismo camino, y otras personas adoptaron las estrategias contenidas en este libro y cambiaron la situación que se había establecido. Una nueva dinastía surgió denominada Han occidental. En este libro se narra la historia de Liu Bang, el primer emperador de esta dinastía.

Xin (9–23 d. de C.)

Período de crecimiento económico y estabilidad en China. En ausencia de combates, la mayoría de las estrategias contenidas en este libro no se utilizaron, y se salvaron para la dinastía siguiente, la llamada Han oriental.

Han oriental (25–220 d. de C.)

La calma de la dinastía Xin estalló en el caos de la dinastía Han oriental. La estrategia 31 procede de este período. El caos finalmente escapó a cualquier control y China quedó dividida en tres reinos.

Los Tres reinos (Wei, Shu, Wu) (220-265)

En aquel período China se dividió en tres reinos que guerreaban los unos contra los otros. Estos enfrentamientos se convirtieron en la base de la epopeya china, El romance de los Tres Reinos. La mayoría de las estrategias contenidas en este libro que no proceden del Período de los Reinos Combatientes se originan en el período de los Tres Reinos. El romance de los Tres Reinos se convirtió en un texto clásico en cuanto a estrategia. Aparte de El arte de la guerra de Sun Zi, Mao Zedong también adoptó muchas de sus propias estrategias de esta epopeya.

Jin occidental (265-316)

Este período se caracterizó por una recesión económica y la consolidación de los activos de la élite del poder. No gozó de la estima del pueblo, sin embargo, y fue reemplazada por la dinastía Jin oriental.

Jin oriental (317-420)

Éste fue un período de gran poder militar porque una nueva élite llegó al poder eliminando a la antigua élite Jin occidental (véase más arriba) usando algunas de las estrategias contenidas en este libro.

Dinastías del Norte y del Sur (Song, Qi, Liang, Chen, Wei del Norte, Wei oriental, Wei occidental, Zhou del Norte) (386-581)

China estaba dividida en muchos reinos diferentes, que luchaban los unos contra los otros. Algunas de las estrategias en este libro se utilizaron durante este período. Otras fueron inventadas durante este tiempo. Fue en aquel entonces cuando se inventó la brújula en China.

Sui (581-618)

El Gran Canal de China fue excavado durante esta dinastía. Se sigue utilizando hoy en día. De hecho, algunos piensan que es un medio de transporte más eficaz que los aviones locales en China, y también más seguro.

Tang (611-907)

Una de las dinastías chinas más gloriosas. Se han alcanzado grandes alturas culturales. Se hicieron famosos caballos de cerámica, réplicas de los cuales se pueden comprar en la mayoría de las Tiendas de la

Amistad[3] en China. Excelente poesía fue escrita, sólo superada por la de la dinastía Song (véase abajo).

Las Cinco Dinastías (Liang posterior, Tang posterior, Jin posterior, Han posterior, Zhou posterior) (907-960)

Tan pronto como un emperador consolidaba su poder, otro le destituía (usando las estrategias de este libro).

Song del Norte (960-1127)

Antes de que los Song fueron empujados al sur, se los conocía como los Song del Norte.

Song del Sur (1127-1279)

Famosa por su poesía, la dinastía Song estaba demasiado ocupada con sus textos como para intentar defenderse de la creciente amenaza de los mongoles en su frontera norte. Por consiguiente, fueron conquistados.

Yuan (1279-1368)

Cuando Gengis Kan conquistó Europa, su nieto, Kublai Kan, decidió que necesitaba superar un reto más difícil. Por eso los mongoles atacaron a los Song del sur de China, y vencieron el Imperio del Medio. Durante este período, Marco Polo visitó China, compró pólvora, y civilizó Europa.

---

3. Almacenes del gobierno en los que se puede encontrar artesanía y productos auténticos tradicionales chinos

Ming (1368-1644)

Famosa por su cerámica (azul y blanca), la dinastía Ming llegó a uno de los más altos niveles de sofisticación cultural en China. Aunque simple en el estilo, los muebles del período Ming constituyen una gran compra para cualquier coleccionista de antigüedades que tiene la oportunidad de obtener una pieza genuina.

Qing (1644-1911)

La última dinastía y el último emperador. Se puede exportar legalmente de China antigüedades de este período.

APÉNDICE II

Consejos a los inversionistas extranjeros para reducir el consumo de Maotai

Habida cuenta de las dificultades y tribulaciones que los inversionistas extranjeros enfrentan cuando se dedican a las actividades de negocio en China, se dan aquí estrategias, algunas especiales, nunca antes reveladas, para evitar de consumir demasiado Maotai durante los banquetes de negociaciones de un contrato en China:

(1) Las órdenes del médico

Un inversionista extranjero pedía regularmente a su médico que le escribiera una carta explicando que no podía por razones médicas beber Maotai u otro licor de arroz o cualquier cereal. Se encontraba con los anfitriones chinos antes de cada banquete, les mostraba la carta y se disculpaba, diciendo que aunque le gustaría beber con ellos, tendría que abstenerse por motivos médicos. Los chinos entendían, inevitablemente, y él podía salirse con la suya bebiendo grandes cantidades de Coca Cola y jugo de mango en su lugar.

(2) Ir acompañado por un invitado

Una de las prácticas preferidas de otro inversionista era ir a los banquetes acompañado por una anfitriona de discoteca afirmando que era su «secretaria». La capacidad de la mujer para aguantar alcohol era increíble, era capaz de beber junto con los compañeros mientras él charlaba. Los funcionarios mayores siempre se asombraban. La estrategia parece haber funcionado con éxito durante mucho tiempo.

(3) Cambie por agua

Un negociador se las arreglaba para que su asistente estara siempre al lado suyo, su papel era guardar una botella de agua mineral debajo de la mesa. En el momento del brindís, su asistente vertía su propia copa de Maotai por el suelo, la llenaba con agua mineral y cambiaba con la de su jefe. Esto funcionó durante muchos banquetes hasta que alguien en la parte china sugirió que como expresión de la unión mutua, cambiaran las copas y bebieran cada uno de la copa de otro. Para disgusto de los chinos, se descubrió que el inversionista había estado bebiendo agua todo el tiempo.

(4) Volcar el Maotai en el piso

Cuando las cosas empiezan a ponerse emocionantes y todo el mundo se está tragando Maotai, de repente muchos negociadores encuentran diversas técnicas para que se lo trague el suelo.

(5) Volcar por encima del hombro

Otros negociadores han desarrollado con éxito la técnica de lanzar Maotai por encima del hombro cuando todo el mundo, inclinada la cabeza, lo está vertiendo en sus gargantas. Esto funcionó con éxito para un negociador durante mucho tiempo hasta que en un banquete se encontró con que cada vez que volcaba el Maotai por encima del hombro, estaba golpeando la parte posterior del vestido de la esposa de un funcionario sentada en la mesa de atrás.

(6) Verter sobre sí.

Cuando uno no puede usar la estrategia de volcar Maotai por el suelo o por encima del hombro, puede mejor verterle discretamente en su regazo entre las distintas rondas de Maotai, pretender que fue por accidente, excusarse, ir al baño, y escupir el resto.

(7) Ser valiente ahora, vomitar luego

Algunos inversionistas están dispuestos a consumir Maotai todo a lo largo de un banquete, regresar a sus habitaciones más tarde sólo para vomitarlo todo antes de comenzar las negociaciones al día siguiente. Si le preocupa particularmente hacer que todo el Maotai salga de su cuerpo, uno siempre se puede pegar una cuchara en la parte posterior de la garganta. Por otra parte, si no tiene prisa, recuerde que el Maotai busca inevitablemente descansar a su propio nivel.

(8) Llevar aguardiente

Un hombre de negocios iba regularmente a los banquetes con aguardiente alemán. Cuando el Maotai comenzaba a fluir, se ponía a verter rondas para sus homólogos chinos. Por alguna razón biológica, nunca pudieron soportarlo. Así que cada vez que el Maotai comenzaba a fluir demasiado, sacaba el aguardiente y les obligaba a sus homólogos a que bebieran. Siempre tuvo el efecto de neutralizar la emoción nocturna y ralentizar el consumo de licor.

(9) Aguantar el alcohol más que los demás

Se solía decir de cierto hombre de negocios que aguantaba tanto el alcohol, que siempre era capaz de beber más que los otros. La historia comenzó un día en que él estaba asistiendo a un banquete preparado por una rama del EPL y celebrado en el Gran Salón del Pueblo. Él gan-bei-yó tantos Maotais que el general que invitaba al banquete, acabó diciéndole que parara ya, que los demás se estaban poniendo malos. El hombre de negocios sin embargo fue implacable y siguió presionando al General para que bebiera más con él. Con la botella de Maotai y una copa vacía en las manos, alentaba al general diciendo lai lai («otra ronda»), al final salió del Gran Salón con el general y siguieron brindando en la plaza de Tienanmen. Según la historia, persiguió al general alrededor de la plaza con la botella de Maotai hasta que algunos de los otros oficiales del ejército intervinieron y explicaron al hombre de negocios que «¡realmente era suficiente!»